20e Journée mondiale du livre et du droit d'auteur

Association nationale des éditeurs de livres (ANEL)
2514, boul. Rosemont
Montréal (Québec) H1Y 1K4
514 273-8130
info@anel.qc.ca
anel.qc.ca

....

Catalogage avant publication de Bibliothèque et Archives nationales du Québec et Bibliothèque et Archives Canada

Vedette principale au titre:
J'ai des p'tites nouvelles pour vous!
ISBN 978-2-921265-26-3
1. Livres et lecture - Anthologies. I. Perro, Bryan. II. Association nationale des éditeurs de livres. III. Titre: J'ai des petites nouvelles pour vous!
PS8237.R42J34 2015 C840.8'039 C2015-940109-7
PS9237.R42J34 2015

....

Édition: Isabelle Longpré
Révision: Marie Desjardins
Correction d'épreuves: Lyne Roy
Photo de la page couverture: David Sénéchal
Conception graphique et mise en pages: Christiane Séguin

Dépôt légal – Bibliothèque et Archives nationales du Québec,
Bibliothèque et Archives Canada, 2015
ISBN: 978-2-921265-26-3
ISBN ePub: 978-2-921265-28-7
ISBN PDF: 978-2-921265-27-0

Imprimé et relié au Canada
1re impression, février 2015

J'ai des p'tites nouvelles pour vous!

Et de la bande dessinée, et des essais, et de la poésie, et de la fiction

Recueil célébrant le vingtième anniversaire de
la Journée mondiale du livre et du droit d'auteur

La Journée mondiale du livre et du droit d'auteur (JMLDA) est organisée en collaboration avec l'ensemble des partenaires du milieu du livre. Ceux-ci sont invités à siéger au comité d'orientation chargé de préciser les lignes directrices et les objectifs de la JMLDA.

Le comité organisateur, coordonné par l'Association nationale des éditeurs de livres, voit aux préparatifs et à la logistique de la JMLDA.

Voici les autres organismes qui le composent :

Association des bibliothèques publiques du Québec

Association des libraires du Québec

Association des traducteurs et traductrices littéraires du Canada

Bibliothèque et Archives nationales du Québec

Communication-Jeunesse

Union des écrivaines et des écrivains du Québec

Nos partenaires

La JMLDA est rendue possible grâce au soutien financier
de Patrimoine canadien, de la Société de développement
des entreprises culturelles (SODEC), du Conseil des arts
du Canada et du ministère de l'Éducation, du Loisir et du Sport.

Canadian
Heritage

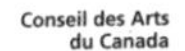

Nous tenons à remercier Marquis Imprimeur,
Les entreprises Rolland, Nationex et Studio C1C4
pour leur participation à la réalisation de ce recueil.

Un grand merci à Isabelle Longpré, éditrice,
Véronique Beauchamp, consultante,
et Guy Saint-Jean Éditeur
pour leur précieuse collaboration.

Le droit d'auteur

Le droit d'auteur, c'est le salaire du créateur. Tout travail mérite une rémunération et c'est tout aussi vrai du travail intellectuel. L'auteur qui passe des mois, voire des années, à écrire mérite que l'utilisation de son travail soit rémunérée et que son œuvre soit protégée. Ce même droit d'auteur contribue aussi à la diversité culturelle, puisqu'il assure un foisonnement de créations.

De nos jours, la facilité d'accès aux œuvres fait parfois oublier tout le travail qui a été nécessaire afin que nous puissions jouir de cette création. Que serait la vie sans la musique, sans la littérature, sans les œuvres artistiques qui enrichissent notre quotidien ? Que serait la vie sans les penseurs qui nous la décortiquent, sans les chercheurs qui nous l'expliquent ?

Rappelons-nous, la prochaine fois que nous aurons un livre entre les mains, tous les efforts consentis afin que cet objet matériel (ou immatériel !) vienne enrichir notre quotidien. Apprécions la phrase bien ciselée qui viendra habiter notre mémoire, ainsi que tous ces mondes qui s'ouvrent à nous au fil des pages.

La création professionnelle a une valeur, préservons-la !

Caroline Lacroix
Responsable des communications et des services
aux titulaires de droits chez Copibec – Société québécoise
de gestion collective des droits de reproduction

Préface

Au moins son travail a-t-il un sens. Quand il allume son réverbère, c'est comme s'il faisait naître une étoile de plus, ou une fleur.
Saint-Exupéry, *Le Petit Prince*

Le 23 avril 1997, tout juste rentré de Port-au-Prince, j'animais à la bibliothèque Saint-Sulpice, au milieu des roses et des livres, la troisième édition de la Journée mondiale du livre et du droit d'auteur. Impossible, dans l'allocution de bienvenue, de ne pas parler de ce jeune Haïtien de 11-12 ans, aperçu deux jours plus tôt, en fin de soirée, le nez plongé dans un livre, sous le seul lampadaire fonctionnel du Champ de Mars. Que lisait donc cet avide lecteur à 22 h 30? Un roman? Un manuel scolaire? Peu importe, la nécessité de lire l'avait mené jusqu'à cette seule et unique lumière à la ronde.

Depuis cette célébration de la Journée mondiale du livre et du droit d'auteur, le chroniqueur littéraire que je suis a vu son terrain de jeu tripler de dimension. En 1997, Michel Rabagliati n'avait pas encore publié son premier *Paul*, on rangeait Patrick Senécal dans la «paralittérature», les auteurs de

Mémoire d'encrier, Alto, Marchand de feuilles, La Peuplade n'existaient pas encore... C'était l'époque où on ne parlait de littérature jeunesse qu'à Noël, où on vantait la « littérature migrante » et où le concept du roman graphique était toujours dans les limbes... Que de territoires explorés, que de chemins défrichés, que de mots éclairants depuis ! Selon l'Institut de la statistique, seulement de 2004 à 2011, il s'est publié plus de 50 000 livres en français au Québec.

Comment ne pas songer aussi que, durant toutes ces années, le créateur et illustrateur Claude Robinson luttait pour ses droits d'auteur. Debout, tenant tête, solide comme un phare dans la nuit. Victoire historique qu'on ne cessera de saluer, car elle balise désormais le chemin de tous les créateurs.

Ajoutons à cela que non seulement les livres et les lecteurs se sont diversifiés, mais tout autant les supports : on lit moins les derrières de boîtes de céréales :-) mais on s'informe, on se divertit et on plonge goulûment dans les liseuses électroniques et dans les tablettes. Mon avide lecteur de Port-au-Prince peut désormais se réjouir : aujourd'hui, avec les tablettes, la lumière est fournie avec le livre !

Vingt auteurs de provinces et d'horizons divers célèbrent plus avant le livre et la lecture.

En 2015, au moment où leurs lumières nous sont plus que jamais nécessaires, ce sont à eux, avec

Shakespeare, Cervantès et tous les autres allumeurs de réverbères, que je vous invite à lever aujourd'hui votre verre !

Jean Fugère

Tout ça pour quoi ?

Bryan Perro
porte-parole de la Journée mondiale du livre et du droit d'auteur 2015

Plus jeune, au primaire comme au secondaire, j'étais un sportif de premier plan. Champion des marqueurs de la ligue au basket-ball et premier buteur de mon équipe au hand-ball, je passais ma vie dans les gymnases d'écoles. Il faut dire que mon père, en plus d'enseigner l'éducation physique, était un entraîneur autoproclamé d'athlètes en tous genres. Sous sa gouverne, j'ai couru les quarante-deux kilomètres du marathon de Montréal à douze ans, et j'ai participé à de nombreuses compétitions de natation. Alors que je croyais ma voie toute tracée dans le sport, voilà qu'un jour je tombe par hasard sur *Le mystère du Triangle des Bermudes,* un livre qui a fait littéralement basculer ma vie dans le fantastique. J'avais quatorze ans et, pour la première fois de mon existence, mon imagination s'enflammait !

Le texte, sous ses apparences savantes, traitait d'une présence extraterrestre dans cette zone particulière de l'Atlantique. Il m'a véritablement conquis.

Je l'ai dévoré de la première à la dernière page, relisant même des chapitres entiers pour m'assurer d'en avoir bien saisi le propos. Ce livre m'a captivé à ce point que ma perception de l'Univers en fut transformée. Observant de plus en plus le ciel et les étoiles, je me souviens m'être demandé s'il existait bel et bien, ailleurs, sur les planètes lointaines, d'autres formes de vie capables de s'organiser en société. Or, si cette question du Triangle des Bermudes avait été abordée dans un ouvrage rigoureusement scientifique, elle n'aurait probablement jamais eu le même effet sur moi, puisque c'est l'évocation d'extraterrestres qui a enflammé mon imagination, ma créativité. Avec les Martiens sont venus mes premiers questionnements d'ordre philosophique et, aujourd'hui encore, je regarde les étoiles en m'interrogeant sensiblement de la même façon. Ce livre, un peu insignifiant et pas très sérieux, a directement contribué à façonner ma vie, et je ne peux qu'en être reconnaissant à l'auteur qui a su employer une grande inventivité lors de l'écriture.

Et ce fut l'Ombre… l'Ombre jaune.

L'Ombre jaune, c'est Monsieur Ming, l'ennemi numéro 1 de Bob Morane ! Mongol d'origine, il est chauve et toujours vêtu d'un habit noir surmonté d'un col romain. Immensément riche, il est facilement reconnaissable à sa main mécanique, mais surtout, à ses yeux hypnotiques jaunes qui vous glacent le sang au premier regard. Lorsque le très célèbre Bob Morane le croise pour la première fois dans une maison de jeu suspecte des Indes orientales, il en est tout retourné. Le héros sait qu'il s'agit du plus terrifiant des malfrats que le monde a engendrés. Pour les admirateurs de Morane, il est aussi le pire vilain de toute la littérature d'aventures du vingtième siècle, le méchant «niveau supérieur» de tous les livres d'action. Voilà donc l'Ombre jaune avec qui je me suis retrouvé tous les soirs de mon adolescence avant de tomber dans les bras de Morphée.

Puis, deux ans plus tard...
C'était l'été 1984. Je travaillais comme sauveteur à la piscine du camping La Gervaisie à Saint-Tite. En plus des longues heures où j'assurais la sécurité des baigneurs, j'enseignais la natation et la planche à voile. Cela représentait énormément de travail et mes journées commençaient tôt le matin et se terminaient tard le soir. J'avais besoin de gagner de l'argent avant mon départ prochain pour le Portugal, où j'allais vivre un an dans le cadre du programme Interculture Canada. Cet été-là, je n'avais pratiquement pas de congés sauf lorsqu'un orage éclatait et chassait tous les baigneurs du bassin. Je me retrouvais alors seul et, à l'abri du cabanon de la piscine, j'en profitais pour lire. Je me

souviens très bien de l'odeur de l'herbe mouillée; j'ai encore souvenir du son de la brise inégale sur les auvents des tentes et des roulottes à proximité. Puis, un jour, je suis tombé sur l'extraordinaire aventure de Mario Bonenfant, mon concurrent préféré de *La Course autour du monde* de 1982-1983.

Si vous vous souvenez, *La Course autour du monde* était une émission hebdomadaire. Cette année-là, des cinéastes amateurs de la France, du Luxembourg, de la Suisse et du Canada ont sillonné le globe, caméra Super 8 à la main, à la recherche de sujets de reportages à présenter aux téléspectateurs, certes, mais également à un jury. Déjà deux ans donc avant ce fameux été où je me préparais à ma propre aventure au Portugal, j'avais suivi le parcours phénoménal de Mario Bonenfant qui, bon dernier en début de course, avait finalement mérité la deuxième place de ce prestigieux concours. On aurait alloué juste un peu plus de temps à la compétition qu'il aurait remporté le premier prix... L'année suivante, en 1983, son récit de voyage *Ma course autour au monde* était publié et toutes les aventures de Bonenfant y étaient relatées: ses bons coups, ses déboires, ses expériences de voyage. Ce récit fut un livre marquant de la fin de mon adolescence, et il m'a suivi tout au long de mon année d'études au Portugal, où je l'ai d'ailleurs laissé...

Et l'homme fut !

La découverte de ces premiers livres m'a mené vers d'autres bouquins, puis, graduellement, tout en poursuivant mes activités sportives, je me suis transformé, presque à mon insu, en un lecteur passionné et désireux d'explorer les mondes imaginaires qui sommeillaient en moi. Confiant, j'ai commencé à écrire un peu avant de faire de l'improvisation, du théâtre et de la musique, et à me construire un esprit aussi musclé que l'avait fait le sport pour mes jambes ou mes bras. **Oui, grâce au sport je suis devenu un adulte en santé, mais ce sont les livres qui ont fait de moi un homme.**

Mon témoignage n'est qu'un exemple parmi des milliers sur la portée considérable que peuvent avoir les livres sur tout individu. La lecture est une magnifique façon de percevoir le monde autrement et de propulser ses adeptes au cœur de nouvelles réalités. Développer sa créativité par les livres sert aussi à se construire une pensée distincte. C'est pouvoir envisager un problème globalement, en l'examinant sous tous ses angles grâce à l'ouverture d'esprit aussi primordiale dans les arts que dans le domaine de la science. Marie Curie ne serait jamais parvenue à découvrir le radium si elle ne s'en était tenue qu'aux idées de son temps. Picasso, Dali et Riopelle sont d'autres exemples de réussite née d'une volonté de réorganiser la réalité et de recréer le monde. « L'imagination est plus importante que le savoir », disait Albert Einstein. Et moi je crois que le livre est la voie royale vers le développement de l'imagination.

Tout ça pour quoi ? Simple, à enrichir des vies.

Et la vie, ça ne passe qu'une fois.

FICTION

PREMIÈRE PARTIE

Le sac en papier

•◆•

Katia Canciani

Lorsque Simon rentra chez lui à son retour de l'école, il déposa ses effets dans l'entrée, prit un muffin aux bananes sur le comptoir et sauta sur le canapé moelleux. Il chercha la télécommande quelques minutes dans les coussins. Puis, ce fut le bonheur. La télévision s'alluma. Le son emplit le salon. *Aaaaah !*

Simon changeait les postes, alternait entre deux chaînes, reconnaissait les acteurs, souriait aux blagues. Il les avait déjà entendues ; elles l'avaient fait rire, mais ce n'était pas grave. Au bout de trente minutes, il changea de position sur le canapé. Au bout d'une heure, il passa du coin droit au coin gauche du canapé. Au bout d'une heure et huit minutes, il s'allongea sur le canapé. Il avait mal au dos, une crampe dans la jambe et le cou tendu. Une minute plus tard, il avait le goût de dormir. Le bonheur, c'était un peu plate.

Sa mère entra dans la pièce.

— Pourrais-tu aller porter ceci à grand-maman, s'il te plaît ?

Simon ouvrit super rapidement les yeux.

— Mon émission vient de commencer, rouspéta-t-il.

Il contempla le sac en papier brun que tenait sa mère.

— C'est quoi ?

— Je ne sais pas. Un ami de son club de Scrabble est venu le déposer pour elle.

Depuis que sa grand-mère avait déménagé à la résidence pour personnes âgées, il arrivait souvent que ses amis viennent la voir ici, à son ancienne maison. Même si Simon aurait préféré écouter la télé, il soupira lourdement avant de prendre le sac.

— On dirait une vidéocassette, affirma-t-il en le secouant. Ça doit être un vieux film.

Simon enfourcha sa bicyclette, le sac à la main.

Monsieur Boisdur, qui coupait sa haie aux ciseaux, le salua avec un petit regard complice. Il chuchota :

— Chanceux ! Tu as reçu le sac…

« Quoi ? » Simon continua à rouler. Il ne voulait pas manquer le reste de son émission.

Assise sur son banc, Madame Gagné hocha la tête en le voyant passer. Elle lança :

— Je déteste la page 66 !

« Quoi ? » se demanda encore le garçon.

— Bonne chance ! lui dit Madame LePan, qui était sortie prendre son courrier.

Simon ne comprenait plus rien. On aurait dit que tout le monde savait ce qu'il transportait. Curieux, il s'arrêta et vérifia dans le sac. « Ouache, un livre ! » constata-t-il.

Le livre était recouvert d'un tissu bleu épais et défraîchi. Pas de titre, pas d'image… « L'endos » était tout aussi vide et les coins du bouquin avaient été grignotés.

Un vieil homme passa près de lui.

— Attention à quelle page tu l'ouvres, dit-il mystérieusement en lui jetant un cinq sous.

Simon attrapa la pièce de justesse. L'homme poursuivit son chemin sur quelques mètres, puis se retourna.

— Il te sera pratique, à la page 52, dit-il.

De plus en plus intrigué, Simon fit halte au parc.

Il ouvrit le livre au hasard et tomba sur la page 23. C'était écrit à la main. Il lut:

«Sur le chemin de la Savane, un lion vous bloque le chemin. Contournez-le en prenant la ruelle du Raccourci.»

«Le chemin de la Savane?» Simon ne comprenait plus rien. C'était le nom de la rue par laquelle on accédait au parc. Le garçon remonta sur son vélo. Pour la première fois de sa vie, il remarqua qu'un lion en ciment gardait l'une des entrées de maison. L'endroit faisait peur. Simon changea de côté de rue. Cachée par des arbres, une ruelle l'attendait. «La ruelle du Raccourci», murmura Simon. Il s'arrêta un peu plus loin et lut la suite de la page 23. «Au bout de la ruelle, vous avez deux choix. Rendez-vous à la page 79 si vous décidez de passer le portique en fer ou à la page 11 si vous décidez de prendre le chemin du Bouleau-Blanc.»

Simon regarda autour de lui. Il lui semblait tout à coup être dans un autre monde, nouveau, inconnu.

Simon opta pour le portique grinçant. Son cœur se mit à battre plus vite lorsqu'il lut la page 79. «Jean Sansterre a autrefois égaré sa clef dans ces pierres rondes. Si vous trouvez la clef, rendez-vous à la page 39. Si vous ne trouvez pas la clef, allez plutôt à la page 52.»

«52! s'écria Simon. L'homme m'a donné une pièce de monnaie pour cette page.»

Simon ne prit même pas la peine de chercher la clef et se rendit directement à la page 52.

«Si vous n'y êtes pas déjà, allez au 27, rue du Ferrailleur. Si vous avez un cinq sous, utilisez-le pour tourner le mécanisme qui ferme la petite porte verte sous le robinet d'eau extérieur. Si vous n'en avez pas, allez à la page 66.»

Simon, excité, pédala jusqu'à l'adresse précisée. Facile! La rue du Ferrailleur, c'était la rue du dépanneur! Simon n'en revenait pas! Ce livre était incroyable! Tout simplement incroyable... Jamais Simon n'avait vécu une telle aventure. Une telle VRAIE aventure! Il avait pratiquement oublié qu'il était censé remettre le sac à sa grand-mère... Et il avait complètement oublié que, trente minutes plus tôt, il s'endormait devant la télé.

Simon eut de la difficulté à trouver le 27, rue du Ferrailleur. La maison délabrée, aux rideaux tirés, n'avait même plus de numéro. Après une courte hésitation, le garçon osa s'aventurer sur le terrain. À chaque instant, il s'attendait à ce que le propriétaire sorte de son antre pour lui hurler de s'en aller.

Heureusement, il trouva la porte, repeinte en jaune, derrière un buisson qui semblait n'avoir jamais été taillé. Simon sortit le cinq sous de sa poche. Il se sentait riche d'une clef magique ! Tandis qu'il tentait d'ouvrir le mécanisme, les branches lui égratignaient le visage. Mais Simon n'allait pas abandonner pour autant ! Après plusieurs tentatives, il réussit à accéder à l'intérieur du coffre. Une devinette écrite sur une retaille de coton chiffonnée s'y trouvait. « Incroyable ! » se répétait Simon.

La devinette était difficile. «Je possède un chapeau, mais je n'ai pas de tête. J'ai un pied, mais je ne possède pas de soulier. Qui suis-je ? Pour la suite, voir à la page 7.» Simon se creusa la tête. Il réfléchit de longues minutes.

Pas de chance ! Il ne trouvait pas. Il replaça la devinette dans le petit coffre et le referma de la façon qu'il l'avait ouvert, avec le côté plat du cinq sous… Un peu déçu, il retourna à sa bicyclette et ouvrit le livre à la page 7.

« Si vous avez trouvé la réponse de la devinette, filez à la page 4. Si vous ne l'avez pas trouvée, rendez-vous sans tricher à la page 66. »

Simon se souvint que madame Gagné avait mentionné cette page… Il comprit vite ce qu'elle avait voulu dire. La page ne comportait qu'une phrase :

« Fin de l'aventure, rapporte ce livre à la personne à qui il appartient. »

Simon referma le livre à regret. Il aurait tant aimé que l'aventure se poursuive. Le garçon reprit sa bicyclette. « Mais, quel est le but de ce livre ? » se demandait-il alors qu'il roulait vers la résidence pour personnes âgées. « Ça n'a ni queue ni tête. Il n'y a pas de début, il n'y a pas de fin… »

Simon, pour une fois, aurait souhaité lire toutes les pages.

En longeant la salle à manger de la résidence, il tomba sur le menu du jour. Il s'exclama :

— Un champignon ! La réponse de la devinette, c'est un champignon…

Sa grand-mère lui ouvrit la porte avec entrain.

— Toi, tu t'es amusé en chemin, dit-elle en voyant le livre sorti du sac.

Son petit-fils avait tant de questions à lui poser.

— Grand-maman, c'est fou ! Il m'est arrivé plein d'aventures depuis que j'ai ce livre dans les mains.

Sa grand-mère l'invita à s'asseoir. Elle expliqua en riant :

— C'est un livre dont vous êtes le héros. On les avait écrits avec mes amis du quartier, quand on avait ton âge.

— On « les » avait écrits ? Tu veux dire qu'il y en a d'autres ? demanda Simon avec enthousiasme.

Sa grand-mère acquiesça.

— On en avait écrit chacun un, pour amuser nos amis.

Simon était épaté. Sa grand-mère ! Écrire un livre dont vous êtes le héros ! Des questions fusèrent dans son esprit : « Qui était Jean Sansterre ? Qui habitait autrefois au 27, rue du Ferrailleur ? »

Sa grand-mère prit le précieux livre dans ses mains. Elle caressa doucement la couverture.

— Ma mère m'avait fait un manteau d'hiver avec ce tissu. J'avais découpé une partie de l'intérieur, sans qu'elle le sache. Mon manteau bleu…

— Les bords du livre sont grignotés…

— C'est à cause des souris qui habitaient dans ma chambre.

— Il y avait de vraies souris dans ta chambre ?

Sa grand-mère sourit.

— Prends un biscuit, je vais te raconter…

Elle commença par une phrase qu'elle reprit de nombreuses fois par la suite :

« Dans ce temps-là, on n'avait pas la télévision… »

Le jeune
Rémi

Louise Tremblay d'Essiambre

D'aussi loin qu'il se souvenait, Rémi avait toujours lu. Enfin, c'est ce qu'on lui avait raconté : ce trait de caractère lui venait spécifiquement de sa mère, grande lectrice devant l'Éternel. De son père, un être plutôt quelconque et terre-à-terre, lui avait-on distillé à l'oreille, un doigt de mépris dans la voix, Rémi ne gardait aucun souvenir sinon celui d'une ombre menaçante planant sur son univers enfantin. Le décès accidentel de ce personnage immense et taciturne l'avait plutôt soulagé et, de ce jour, les souvenirs avaient acquis leur forme légitime, à savoir celle d'un appartement un peu sombre, imprégné d'une odeur tenace d'encre et de papier. Madame mère ayant vu un signe du ciel dans le décès du père, elle en avait profité pour prendre le contrôle de la maisonnée, et l'éducation de son fils devint une mission quotidienne. Persuadée qu'elle était du bien-fondé de sa philosophie, sous son toit, dorénavant, l'esprit triompherait des basses considérations manuelles, elle s'en fit le serment devant la tombe de son mari.

Les livres !

Jusqu'à cinq ans et demi, Rémi eut une prédilection pour *La petite poule rousse,* elle-même suivie de près par *Les trois petits cochons,* cette curieuse ménagerie habitant sans doute dans la même ferme. Ces deux albums furent lus et relus pour tenir compagnie au *Petit Poucet,* à *Jacques et le haricot magique* ainsi qu'à

Hansel et Gretel dans leur drôle de maison, ces derniers n'ayant comme but premier dans l'existence que d'assurer un peu de piquant dans l'ordinaire des journées de Rémi.

Jusqu'à ce qu'il découvre la comtesse de Ségur.

Ce jour-là, son univers gagna irrévocablement en perspectives nouvelles et en possibilités infinies. En quelques pages, le décor de la comtesse devint le sien. L'horizon serait désormais sans borne et le monde, un peu plus radieux.

Une année passa, puis deux, quand, un beau matin, Rémi comprit, le cœur inquiet, qu'il avait fait le tour du jardin de ladite comtesse.

Sans crier gare, l'intérêt n'y était plus, et il fut forcé d'admettre qu'il était las des malheurs de la pauvre Sophie et que le bon petit diable ne le faisait plus rire.

C'était l'été et, dehors, sous le chaud soleil de juillet, les cris de joie des petits voisins lui semblèrent tout à coup bien invitants. Cette folle exubérance piqua sa curiosité et lui donna l'envie saugrenue de les rejoindre. Il tendit alors l'oreille et tourna les yeux vers l'extérieur.

Nul doute ! On riait ici, on ne pleurait pas, et les galopades endiablées entrevues par la fenêtre n'avaient rien d'une fuite.

Rémi fronça les sourcils, fortement ébranlé dans ses plus intimes convictions. Serait-il possible que les jeux de ballon et autres chamaillages puissent être palpitants, malgré les avertissements maternels servis d'une voix persuasive?

Rémi n'en savait rien, car il n'avait, jusqu'à ce jour, jamais joué dehors. Il dépassait largement les huit ans et ses seuls amis étaient les livres.

Cela faisait plusieurs années maintenant que madame mère veillait au grain et, en accord avec sa conception d'une bonne éducation, elle faisait avec lui, soir et matin, le court chemin menant à l'école.

— Pour vous éviter les mauvaises fréquentations, précisait-elle à l'occasion, en lui prenant la main avec autorité tout en jetant à la dérobée un regard hostile sur la marmaille grouillante qui s'égaillait depuis la porte de l'école.

L'obéissance faisant partie des vertus essentielles inculquées depuis le berceau, Rémi suivait donc docilement, sans autre forme de discussion.

Mais ce jour-là, titillé par une impulsion toute nouvelle, aussi irréfléchie qu'incontrôlable, Rémi estima qu'il était grand temps de vérifier par lui-même le bien-fondé de certaines allégations.

Il se faufila donc sans bruit comme le bon petit diable et le général Dourakine le lui avaient enseigné !

Toutefois, il n'eut pas même le temps de mettre un pied sur le perron, un pied, de surcroît, qu'il croyait silencieux, que madame mère, de sa voix haut perchée, le rappelait à l'ordre pour le ramener séance tenante au salon.

— Jeune homme, venez voir ! J'ai quelque chose pour vous.

Et d'agiter sournoisement quelques clés. Ce bruit particulier au tintement métallique stoppa bien net l'envol de la légitime entreprise de Rémi.

Ça y était ! Après des mois et des mois de supplications, madame mère se préparait à ouvrir son coffre en bois de cèdre. Ce cliquetis caractéristique ne pouvait tromper et elle s'apprêtait à puiser un ou deux nouveaux bouquins dans ce trésor de livres, judicieusement choisis à l'intention de son fils.

Le pauvre Rémi en resta pantois, en très fâcheuse position sur une patte entre salon et perron.

Fameux dilemme !

Les rires aguichants venus tout droit de la ruelle ou la surprise présumable mais quand même longuement espérée ?

Sa déchirante hésitation, quoique réelle, fut bien éphémère. Rémi attendait ce moment depuis trop longtemps. Il reposa donc le second pied sur le plancher et rebroussa chemin, choisissant en toute lucidité le prévisible à l'inconnu. Pourquoi, grands dieux, prendre des risques inutiles ?

Comme anticipé, madame mère l'attendait tout à côté du coffre grand ouvert, brandissant un livre entoilé, d'un vert plutôt fané, mais tout de même orné de quelques dorures du plus bel effet.

— *L'île au trésor,* glapit-elle de cette voix surexcitée qu'elle n'employait qu'à l'ouverture du coffre.

Curieusement, cette voix criarde possédait aussi quelques intonations suaves qui pouvaient passer pour de la tendresse. La mère et le fils échangèrent donc un regard complice.

— C'est de Robert Louis Stevenson.

Tout en parlant, madame mère agita le livre comme un étendard, celui de la convoitise.

Le pauvre Rémi ne connaissait rien d'autre que sa mère et la littérature. Il se laissa donc tenter par la couverture fanée. Au même instant, les rires de la ruelle se métamorphosèrent en un souvenir évanescent.

Ce fut ainsi que Rémi entra petit à petit dans l'adolescence en compagnie de Mark Twain et son Huckleberry Finn ; de Rudyard Kipling et son Mowgli ; de Jonathan Swift et son Gulliver, entre autres histoires rigoureusement choisies. Sir Arthur Conan Doyle et Jack London s'occupèrent, quant à eux, de préparer le jeune homme au difficile passage vers le secondaire. Que des classiques, notez-le bien ! Sous le toit de madame mère, nul gaspillage intellectuel ni perte de temps, donc aucune place pour ces romans à la moderne. *Bob Morane, Le Club des cinq* ou *Le Clan des sept* n'eurent jamais grâce à ses yeux. Encore moins les bandes dessinées !

— *Tintin?* Quelle horreur!

Toutes les supplications du monde n'influencèrent nullement l'intransigeance de madame mère.

L'entrée au collège se fit comme celle au primaire, à cette différence près que la mère devait maintenant utiliser l'auto pour conduire le fils. Pas d'amis ici non plus, quelques jours de fréquentation d'une immense cour de récréation le confirmèrent. Les lunettes de Rémi, épaisses comme des culs de bouteille, faisaient probablement fuir jusqu'aux plus téméraires. Cependant, le jeune homme ne s'en formalisa d'aucune façon. Il en avait l'habitude, il avait sa mère comme interlocutrice et, surtout, il avait les livres comme compagnons.

Des milliers de livres!

En effet, si le coffre en cèdre de sa mère avait livré ses ultimes trésors au cours de l'été, la bibliothèque du collège, quant à elle, semblait inépuisable.

À sa première visite, Rémi en resta bouche bée. À la deuxième, il découvrit Edgar Rice Burroughs et son Tarzan; la semaine suivante, ce furent des tablettes et des tablettes chargées de bandes dessinées qui s'offrirent à lui.

Durant un moment d'une intensité peu commune, les rotules soudées par l'émotion, Rémi eut nettement l'impression d'être Ali Baba dans la caverne des quarante voleurs.

La voix sévère d'un grand échalas en soutane le ramena sur terre.

— Allez, jeune homme, nous n'avons pas toute la journée.

— J'ai le droit?

— Qu'est-ce que vous croyez? Que ces albums ne sont qu'une décoration?

— Ça alors...

Cruel débat dans l'âme d'un adolescent habitué depuis toujours à obéir.

En fin de compte, la tentation fut trop forte, et comme il est de notoriété publique que l'adolescence est une période de crise... tant pis pour madame mère, se dit alors Rémi. L'aumônier du collège lui donnerait sûrement l'absolution.

— Vite, l'heure tourne!

Le titulaire s'impatientait.

— Choisissez ce que vous voulez, tous les titres vous sont permis.

Tous permis? Et à peine cinq ans pour tout lire, des Éléments latins aux Belles-lettres? La tâche serait colossale mais peut-être réalisable.

En moins d'une semaine, Rémi arriva à convaincre sa mère qu'il pouvait prendre l'autobus tout seul.

— Pourquoi vous fatiguer ainsi à venir me chercher? Je suis grand maintenant!

En effet, tout en jambes, le jeune Rémi dépassait

sa mère de quelques centimètres. Est-ce pour cette raison que celle-ci céda avec une facilité déconcertante? Le soir même, dans l'intimité de sa chambre, Rémi décousait minutieusement la doublure de son sac d'écolier. Il avait besoin d'une cachette.

Le lendemain, il choisit un premier album avec tout le sérieux requis pour cette tâche.

Entre le collège et la maison, il y avait bien une vingtaine de milles, n'est-ce pas? Alors il en profiterait.

Invariablement, Rémi s'installait sur la banquette la plus éloignée, loin du regard du conducteur, sait-on jamais, et il ouvrait son sac pour retirer l'album judicieusement caché sous la doublure. Sans hésiter, il retrouvait la page et l'illustration avant d'oublier jusqu'à sa propre existence.

Rapidement – oh! à peine quelques semaines – *Spider-Man* eut sa préférence.

Tout comme lui, le personnage portait des lunettes, il avait un petit air sérieux et sa personnalité d'introverti faisait fuir les amis. En revanche, quand il était en mission avec son léotard, son masque et ses pouvoirs...

Le cœur de Rémi en palpitait d'envie avant que l'histoire ne l'emporte pour de bon et qu'en pensée, il s'élance dans le vide avec son héros.

Rémi aurait bien aimé que le trajet ne finisse jamais. Malheureusement, la réalité le rattrapait toujours à la porte de leur appartement où l'attendait madame mère.

— Vous êtes bien certain de ne pas vouloir que j'aille vous chercher? L'autobus doit être d'un mortel ennui, non?

L'autobus d'un mortel ennui?

Allons donc!

Comment Rémi aurait-il pu s'ennuyer? Durant de trop courtes minutes il était occupé à changer le monde.

Mais pourquoi perdre son temps à l'expliquer, n'est-ce pas? Madame mère n'y aurait rien compris.

Rémi opposait alors un sourire rassurant à l'inquiétude maternelle et il rétorquait sans mentir:

— N'ayez crainte. Grâce à vous, mère, j'ai la lecture et, avec un bon livre, on ne s'ennuie jamais!

En moins d'un mois, il avait un ami. Il s'appelait *Spider-Man*.

Les livres de Miranda

Thomas Wharton

Traduit de l'anglais (Canada)
par Sophie Voillot

Prospero était duc de Milan, rôle qui ne l'intéressait pas outre mesure. Laissant la direction des affaires à son frère Antonio, il s'enferma dans sa bibliothèque dans le but d'étudier la littérature, l'histoire et la philosophie.

Ce qui s'avéra une erreur, car avec l'aide du roi de Naples, Antonio, évinçant Prospero du trône, l'envoya dériver sur l'océan dans une coquille de noix qui prenait l'eau en compagnie de Miranda, sa petite fille de trois ans. Ils y auraient sans doute laissé leur vie sans la bonté d'âme d'un vénérable conseiller du nom de Gonzalo, qui fit passer nourriture, eau fraîche et autres denrées essentielles à bord de l'embarcation, ni vu ni connu. Comme il n'ignorait pas à quel point le duc était friand de livres, Gonzalo s'arrangea aussi pour en dissimuler une caisse dans la soute.

Après avoir accosté sans encombre sur une île inhabitée, la première chose que fit Prospero fut pratiquement d'arracher le couvercle de la boîte, dans sa hâte de mettre la main sur ses romans, ses poèmes épiques et ses traités philosophiques bien-aimés. Quelle ne fut pas sa consternation, dès lors, de la trouver bourrée non pas de ses livres, mais d'ouvrages destinés aux enfants ! Gonzalo, ce cher vieillard au grand cœur, s'était préoccupé de la nécessité de distraire et de divertir la pauvre enfant du duc, orpheline de mère.

« Allons bon, se dit Prospero en poussant un soupir ; faute de grives, on mange des merles. »

La vie sur leur île n'était pas une sinécure, loin de là, mais tous les soirs, avant que Miranda glisse dans le sommeil, Prospero put ainsi lui faire la lecture, l'un et l'autre trouvant un réconfort et un refuge contre leur affliction dans ces contes naïfs, évocateurs de cieux lointains, d'époques révolues. Par la suite, après avoir appris à lire toute seule, Miranda, pas plus haute que trois pommes, se débrouilla pour le faire à voix haute. Il y était en majeure partie question de princesses pleines de cran ou de filles de meuniers belles comme le jour qui, après avoir supporté sans mot dire les pires coups du sort, les pérégrinations les plus redoutables, recevaient en récompense l'amour d'un beau prince.

Le jour où, à force d'être lus et relus par Miranda, les livres commencèrent à s'effeuiller, elle avait déjà entrepris d'inventer pour son compte des épopées qui mettaient en scène des héritières de ducs en exil que des aventures à couper le souffle emportaient à mille lieues de leur foyer insulaire vers d'étranges, de merveilleuses contrées. Elle s'en fit tout d'abord le récit, puis à son père, heureuse de constater que ses historiettes l'égayaient, pour un instant du moins, car il se morfondait trop souvent dans les remords et la mélancolie.

C'est alors que Miranda conçut sa meilleure idée : donner une fin heureuse à la légende de leur vie. Elle passa un temps fou à la ciseler, à la polir, à la retourner dans ses pensées. À lui ajouter des détails chimériques ou terrifiants pour en faire l'odyssée la plus fabuleuse qui soit.

« Dans ce conte, se disait-elle, les bouquins qui ont fait le voyage en bateau avec nous sont en réalité des grimoires remplis de philtres et de sorts ! Oui, dans cette histoire, mon père est un formidable enchanteur. En ayant recours à ses livres de magie, il est parvenu à transformer notre île en véritable demeure. Il a fait son esclave d'un monstre dangereux du nom de… Caliban ! Obligé à le servir un esprit capable de changer de forme nommé… Ariel ! Il commande aux vents et aux tempêtes ! »

Dans la version de Miranda, par un miraculeux coup du sort, les ennemis de son père croisaient au large de l'île quand, grâce au pouvoir des esprits qui lui obéissaient au doigt et à l'œil, Prospero provoquait sur l'océan une tempête qui lui permettait de capturer le roi de Naples et le perfide Antonio. Les tenant à sa merci, alors que rien ne l'aurait empêché de les châtier de leur traîtrise, il choisissait plutôt de leur pardonner. Pour finir, il allait récupérer Milan et son duché. Tout était bien qui finissait bien.

Tel fut le récit que narra Miranda à son père sur leur île, et qui lui remonta bougrement le moral. Il s'amusa de l'espièglerie d'Ariel, des bouffonneries des pitres Trinculo et Stephano. Versa une larme durant la scène où il pardonnait à son frère toutes ses méchancetés. Et ne cessa de demander à Miranda de la lui seriner sur tous les tons, ce qu'elle faisait, la reprenant à l'infini, lui ajoutant maintes intrigues secondaires, y compris une qu'elle ne communiqua jamais à son père et dans laquelle Ferdinand, le séduisant fils du roi de Naples, tombait amoureux de la jeune fille dès l'instant où il posait les yeux sur elle, sentiment qu'elle lui rendait bien. Lorsque Prospero retrouvait le rang de duc qui lui revenait de droit, on célébrait en grande pompe et dans l'allégresse les noces de Miranda et Ferdinand. Ce roman les réconforta tous deux tant que dura leur longue épreuve.

Mais comme peu d'îles restent longtemps à l'abri des intrus en ce monde, le jour vint enfin où Prospero et Miranda, retrouvés par un navire qui passait par là, furent délivrés de leur isolement. De retour à Milan, Prospero s'aperçut qu'il comptait bon nombre de partisans parmi la populace, car son frère s'était avéré un duc tyrannique et sans pitié. Le peuple en liesse eut vite fait de destituer Antonio, de le jeter en prison et de rasseoir Prospero sur son trône.

Tout s'était bien terminé en fin de compte, mais pas comme dans le conte fabuleux de Miranda, bien entendu. Ce qui n'empêcha jamais Prospero de soutenir mordicus qu'en vérité, c'était le récit de sa fille, tout imprégné de magie, de destinée, d'amour et de justice immanente, qui avait assuré leur victoire. Son livre imaginaire, intangible, qui l'avait aidé à garder la tête froide, à maintenir l'espoir en vie durant leur interminable exil. Après avoir repris le pouvoir, bien décidé à ne plus jamais reperdre son duché, il renonça pour toujours à la lecture et à l'érudition, ne prenant plus aucun plaisir aux livres ni aux récits.

Miranda, pour sa part, se retira en rase campagne, histoire d'y couler des moments paisibles presque entièrement voués à l'écriture de pièces de théâtre ou de poèmes. Les jeunes nobles venaient lui faire la cour en grand nombre, car sa beauté n'avait d'égale que la fortune de son père. Mais puisqu'elle avait trouvé sa vocation, elle craignait que les obligations du mariage ne dévorent tout le temps qu'elle désirait consacrer à son art. Or, devant le défilé incessant des prétendants devant sa porte, Miranda finit par se résoudre à partir en voyage, déguisée elle-même en jeune aristocrate afin de sillonner plus librement les villes et les cours d'Europe. On dit que ses aventures finirent par la mener sur une autre île, humide et pluvieuse celle-là, où elle s'associa avec un collègue dramaturge prénommé Will qui lui piqua toutes ses idées et les fit passer pour siennes.

Car après tout, voilà dans quel genre de monde nous vivons, peu importe ce que prétendent les contes.

Broken Heart City

Hommage à Stéphane Mallarmé

•◆•

Steph Rivard

À vol d'oiseau, Broken Heart City ressemble à une grosse passoire remplie de gratte-ciel. C'est un ramassis d'annonces publicitaires aveuglantes, un genre de colossal sapin de Noël à ciel ouvert plus impressionnant que Tokyo comme je me l'imagine. Depuis l'adoption du projet de loi 541, plein de monde s'est suicidé à côté de la statue de l'ancienne mairesse, au Fitzgerald Square – proche de la bibliothèque recyclée en épicerie pour les chars –, et la population a pris un coup de vieux. Les polisses ne savent plus où se ranger à cause des rebelles qui leur pitchent des roches par la tête, mais elles ne peuvent rien faire parce qu'ils sont de l'autre bord de la barrière de notre ville (sur la frontière de Candice), et même si ça brasse pas à peu près et que tout le monde vit dans un état perpétuel de code rouge, les pousseux de crayons qui travaillent à l'hôtel de ville doivent quotidiennement s'attaquer à un autre dossier ; c'est que le monde s'effrite ici, va savoir pourquoi.

Ce que je vois n'est pas une niaiserie de mon imagination. Je n'invente rien. Je suis embarré, mais c'est mieux de même. Mon cloître est mon héritage. Tous les jours, des corbeaux s'éclatent la face contre la seule et unique vitre de mon compartiment de vingt-huit mètres carrés, tandis que les derniers colibris qui existent se cachent pour mourir. Ma famille s'est effondrée ; je n'en ai plus vraiment, dans le fond.

Mon frère a perdu ses derniers cheveux blancs et il est mort il y a trois mois, juste après ma petite sœur, deux ans après que mes parents eurent passé l'arme à gauche, enlacés dans leur lit. Si je me concentre fort, je suis capable d'entendre des choses qui se disent au-delà du bruit, et quand je me calfeutre les tympans entre mes gros écouteurs vert lime, j'attrape quelque chose comme un pouvoir magique un peu fucké : je peux entendre des cygnes chanter plus fort que les sirènes qui bercent les vagabonds déboîtés dans les carrefours de Broken Heart City. Et la chair est triste, hélas, et j'ai lu tous les livres, comme disait l'autre.

Les choses ont commencé à aller mal tellement vite que je n'ai pas eu le temps de les voir venir, comme si, entre un jour et son lendemain, la nuit n'avait pas eu assez d'espace pour laisser sa noirceur se répandre. La loi 541 a fait sa place à Broken Heart City et tout s'est mis à ne pas être comme avant. Les arbres ont refusé de pousser, le pont entre l'école et le parc Sunset s'est fissuré à plein d'endroits, et tous les animaux errants de la ville se sont cachés. Dans les rues de Broken Heart City, il a soudainement neigé à Brooklyn, comme dans la chanson préférée de feu ma mère qui capotait sur Johanne Blouin.

Dans notre ancien temps, à peu près une semaine avant que ça se mette à dégénérer, ma désormais nouvelle gardienne, Madame Carmen, m'a dit que la fin du monde allait commencer, mais mon père m'a convaincu de ne pas la croire parce que c'était juste une ancienne prof virée sur le top à cause de ses trop nombreuses nuits blanches nourries aux pages sales du marquis de Sade. Si j'avais su qu'elle disait pas mal la vérité, j'aurais tout fait pour convaincre ma famille de l'écouter, mais il a été trop tard pas mal trop vite, comme je viens de le dire. C'est ça. C'est de même. On n'engraisse pas les cochons à l'eau claire.

Même si je n'ai jamais vraiment compris ce que voulait nous interdire la loi 541, j'essaie de me fier à ma gardienne qui dit qu'il faut tout faire pour la contourner si je veux continuer à avoir le droit de m'émerveiller. Elle me répète souvent que la liberté d'expression n'est pas une marque de yogourt, et que si les écriveux n'avaient pas été bâillonnés, la guerre ne serait pas en train d'éclater jusqu'au magma, au centre de la Terre. Elle me désapprend beaucoup de choses pour que ma cervelle ne se transforme pas en disquette rouillée.

— Mieux vaut prévenir que guérir, mon p'tit William.

C'est son genre, répéter ça dix fois par jour en replaçant son rack à jos.

— Si tu veux savoir pourquoi ça pète au frette comme des mouches icitte, demande-toé pourquoi une quinzaine de vieilles biques comme moé sont pas tuables, pis tu vas apprendre ben des affaires.

Même si Madame Carmen parle comme un char d'assaut, tout le monde dans le bloc et plus loin, même les morts et enterrés qui bouffent des vers au cimetière Green Hill en haut de la butte, depuis la nuit des temps de mon existence, a toujours pensé et affirmé haut et fort que sa langue décrissée ne la rendait pas moins savante. Je n'ai pas le choix d'être d'accord avec ça. Madame Carmen n'est vraiment pas née de la dernière pluie. Il y a tellement de globes terrestres, et de calculatrices, et de bouts de papier avec des belles phrases écrites dessus dans son appartement qu'on a de la misère à respirer sans s'enfarger dans son maudit chien barbette qui jappe tout le temps quand on veut aller se faire des toasts. Aussi, même si c'est super petit chez elle, je n'arrête pas de trouver des livres écrits dans toutes les langues, un peu partout, jusque dans les toilettes. Il y en a même qui ont des couvertures qui ne leur appartiennent pas, comme s'il avait fallu les maquiller pour éviter que des méchants les reconnaissent.

Souvent, Madame Carmen me permet d'ouvrir un de ses trésors qui trônent au sommet de la grande araignée toute crochue et poussiéreuse qui sert de rangement pour sa collection ; j'en ai la permission quand j'ai passé moins d'une heure dans la journée à regarder le drame déferler dans la télévision. Je peux prendre celui que je veux, sauf les sexuels... mais, des fois, je le fais en cachette.

Quand je pars à l'aventure dans un livre que j'ai le droit de lire, ma mère de rechange se faufile habituellement derrière mon dos, entre mon cou et le lustre doré, et je sais qu'elle sourit même si je ne la vois pas. Elle ne m'adresse jamais la parole pour ne pas me déranger. Et je décolle.

La plupart du temps, je deviens l'ailleurs, je flotte entre le plancher et le plafond, je prends mon temps, et le temps s'estompe, il n'est jamais minuit, et, presque toujours, je me mets à pleurer. Quand ça arrive (presque chaque fois, donc, à chaque voyage), Madame Carmen me demande si je veux qu'elle me raconte son histoire courte préférée.

— Ça, mon p'tit, ça m'a sauvé la vie pendant toute ma vie !

C'est une partie du « Sonnet en X » de Stéphane Mallarmé.

Sur les crédences, au salon vide : nul ptyx,
Aboli bibelot d'inanité sonore
(Car le Maître est allé puiser des pleurs au Styx
Avec ce seul objet dont le Néant s'honore.)

Et là, tout le temps, le vierge, le vivace et le bel d'aujourd'hui nous déchirent. Et – ce n'est pas peu dire – Broken Heart City retrouve un certain calme dans sa tempête.

Entre mes deux yeux, très loin, dans un fossé entre mes méninges et la grange abandonnée de mes joies d'antan, même si je n'entends plus le poème récité par Madame Carmen pour la première fois depuis longtemps, ça me fait toujours la même chose quand je l'écoute. Je regarde stupidement devant moi, je me transforme en aboli bibelot d'inanité sonore, je suis inattaquable, non périssable, et plus rien ne m'ébranle, même pas la disparition de ma famille prisonnière des chrysanthèmes.

De l'autre côté de mes espérances, au-delà de la défiguration de Broken Heart City, la bibliothèque de Madame Carmen est mon zoo. J'y invente des téléromans entre deux gros chats en porcelaine et les pyrotechnies instaurées par la loi 541 n'y pleurent pas que des larmes de crocodile ; elles gémissent pour de vrai ; elles crèvent de faim devant leurs proies.

Je me trouve chanceux.

Par un bel après-midi de septembre

Maxime Olivier Moutier

Par un bel après-midi de septembre, alors que j'étais tranquillement allongé sur ma chaise Ikea dans mon jardin de béton du quartier Ville-Marie, mon fils de dix-sept ans, que je ne vois plus qu'une fois par mois, vint me retrouver pour me poser quelques questions cruciales. Je le sentais paniqué. Il avait un travail de philo à remettre le lundi suivant, et n'avait aucune idée de comment répondre à la question suivante : Pourquoi lire des livres ? Comme il avait déjà entendu dire que j'étais écrivain, il avait conclu que, pour une fois, je pouvais peut-être lui venir en aide sur ce sujet. Lui qui ne me demandait jamais rien.

Je compris rapidement qu'il pouvait s'agir d'un moment important. Un épisode entre un père et son fils. Et que je me devais d'être à la hauteur, et sortir illico de ma torpeur. Je commençai donc par lui offrir un mojito. Ma copine avait planté dans la cour quelques boutures de menthe poivrée, et à force d'amour et d'eau fraîche, ces dernières avaient fini par exploser pour nous offrir de belles grandes feuilles pleines de saveur. Il était de bon ton d'en profiter. Il ne s'agissait plus que d'ajouter du jus de lime, du rhum blanc et une cuillère à soupe de cassonade.

Comment aborder ce sujet ? Alors qu'il avait passé toute son enfance et son adolescence sur Internet, je sentis qu'il était inutile de lui parler d'orthographe et de culture générale. Je me souvins qu'il avait autrefois témoigné de son intérêt pour les voyages. Comme bien des gens de son époque, il voulait certes travailler, mais pas seulement pour payer de l'impôt. Il voulait aussi découvrir le monde. Étant donné que je connais pas mal de gens qui ont fait le tour du globe sans rien connaître aux pays qu'ils ont visités, je me suis permis de lui expliquer que lire, c'était aussi un peu comme voyager. Mais voyager dans la tête des autres. Et que cela était très bien, de s'intéresser à ce qui se passe dans la tête des autres. C'était une chance. Une occasion que l'on pouvait saisir.

Lire des livres pouvait servir à se sentir moins seul. Car dans les livres, on rencontrait des gens. Qui partageaient des soucis semblables aux nôtres. Qui nous parlaient de comment ils se dépatouillaient avec l'orgueil, la jalousie, l'amour, le phénomène difficile et compliqué du deuil. Évidemment, je reconnaissais avec lui que les jeux vidéo pouvaient nous faire du bien, lorsque venait le temps de tuer des méchants et de rendre justice. Mais que la lecture, mine de rien, pouvait nous initier à des phénomènes plus complexes. Que dans les mots des autres, on pouvait trouver des réponses et des répits. Même lorsque les histoires que l'on nous raconte semblent ordinaires et sans saveur, on pouvait trouver, surtout, une autre manière de voir les choses. Une alternative à notre petit monde. Parce que parfois, on pouvait avoir le sentiment d'avoir tout compris, et tout à coup, au détour d'une phrase, il nous était possible de saisir que l'on n'avait absolument rien compris de ce que nous pensions avoir compris. Je lui proposai l'hypothèse que les livres, dans certains cas, pouvaient même nous sauver la vie. Que si tant de gens autour de nous choisissaient le stress et la dépression, c'était peut-être justement parce qu'ils ne lisaient pas assez. Parce que lire, c'était un peu comme avoir un deuxième avis. De la même manière qu'une personne pouvait aller consulter un médecin, afin d'obtenir une opinion sur la chose qui se passe à l'intérieur de son corps, et ne pas se contenter du diagnostic. Puis faire le choix d'aller voir un second médecin. Pour entendre un avis différent.

Car lire pouvait permettre de faire la part des choses. Sur la guerre, la famille, la violence conjugale, la mort et la vie, l'absurdité de l'existence. Lire pouvait nous apprendre ce que nous ignorions jusqu'ici. Sans même nous en douter. Des choses dont nous entendions souvent parler, par-ci, par-là, sans trop comprendre de quoi il s'agissait. Lire pouvait nous ouvrir à d'autres dimensions. Donc changer notre vie. Et que même si nous finissions par devenir pauvres, malades et sans ressources, il était possible, en fréquentant des auteurs que nous ne connaissions pas et que nous ne rencontrerions probablement jamais, de nous sentir moins seuls et de comprendre qu'au fond, ce n'était peut-être pas nous les plus égarés. Bien lire pouvait surtout permettre de ne pas être des illettrés. Ce n'était pas parce que nous savions lire que nous n'étions pas des illettrés. Nous aurions beau savoir décoder une carte sur laquelle est inscrit Station Berri-UQAM, cela ne faisait pas automatiquement de nous des êtres humains capables de vivre.

J'en profitai pour lui parler de cette amie haïtienne qu'il connaissait aussi. Celle-ci avait passé toute son enfance à lire des livres. Elle n'avait pas beaucoup d'amis. Et son père la disputait souvent en lui disant que dans les livres, elle n'apprendrait pas la vie, qu'il lui fallait vivre la réalité. Et lâcher un peu ce monde imaginaire qui finirait par l'isoler de la vraie vie. Je n'hésitai pas à m'inscrire en faux contre les théories paysannes de ce père, qui avait passé toute son enfance à tailler de la canne à sucre dans les champs. Mon raisonnement me positionnait plutôt du côté de ceux qui croient que lire des livres permettait de mieux vivre. De savoir vivre sa vie. Car il n'était pas certain qu'avec de l'amour et des souvenirs de vacances à la plage, nous allions être suffisamment équipés pour faire face à cette vie qui nous attendait dans le détour et de pied ferme.

Je lui expliquai que Frédéric Beigbeder, un écrivain de ma génération, confiait dans une entrevue à la télévision que lorsqu'il arrivait chez des gens, et qu'il constatait que ceux-ci n'avaient aucun livre dans leur maison, il se demandait secrètement comment ces derniers pouvaient survivre. Ou simplement vivre leur vie. Il ne comprenait pas. Il était intrigué. Je lui rappelai dans le même élan ce proverbe contemporain disant à une fille que si elle suivait un soir un garçon jusqu'à son appartement, et que celui-ci n'avait aucun livre dans sa bibliothèque, elle ne devait pas coucher avec lui. Je me disais que toutes ces anecdotes contenaient une part de vérité. Mais qu'il pouvait bien en faire ce qu'il voulait.

La vie allait de toute façon nous réserver sa part d'échecs et d'imprévus. Même si notre mère nous appelait « mon petit cœur » et que notre père nous avait montré à faire du vélo un dimanche après-midi, il serait possible qu'à un moment ou à un autre, la vie nous laisse seul. Seul pour répondre à des questions inattendues. Les questions de notre époque. Que même nos parents et nos professeurs n'avaient pas su imaginer. Il nous faudrait alors des recours, des appuis, d'autres façons de faire et différentes manières de voir. Comment faire avec l'argent ? Comment supporter l'injustice devant la mort d'un ami, alors que pendant ce temps, plein de salauds allaient rester en vie? Comment soutenir l'amour ordinaire devant le quotidien? Faire preuve de patience? Comment ne pas tout foutre en l'air devant le moindre obstacle? Préserver l'amitié, lorsque les gens que nous aimons se mettent à faire des choses avec lesquelles nous ne sommes pas d'accord? Tout cela, personne ne nous l'enseignerait. Il nous faudrait construire par nous-même des réponses plus ou moins efficaces à ces interrogations. Avec ce que l'on appelle les moyens du bord. Or, ces moyens du bord, on pouvait les retrouver chez Dostoïevski, Zola, Camus. À travers les histoires qu'ils racontent, on pouvait comprendre que d'autres avant nous étaient aussi passés par là. Que d'autres avant nous avaient été tiraillés entre l'amour et la raison. Entre leurs principes personnels et le sens commun. Entre ce qu'ils pensent, le soir dans leur lit, et ce qu'il faut penser.

Lire nous donnait la permission de critiquer. De juger le monde qui nous entoure. De faire parfois la part entre ce qui est juste et ce qui est faux. Entre le Bien et le Mal. Non pas seulement à l'aide de quelques opinions lancées à l'emporte-pièce, puisque chacun a droit à son avis, mais avec des arguments. Des nuances. Lire permettait aussi de se développer une éthique propre. De décider ce qui était bon devant ce qui ne l'était pas. De faire des choix. De ne pas croire tout ce que l'on essayait de nous faire croire.

De rester aux aguets. Avertis. Allumés. Car lire des livres nous mettait en contact avec d'autres récits, nous permettant de comparer, de relativiser notre malheur et nos petites souffrances. De comprendre qu'il existait quelque chose de bien plus grand que notre petite personne, avec ses frustrations et ses déceptions. Lire nous faisait sentir que ce qui nous paraissait d'abord anormal et exceptionnel pouvait être normal et partagé par d'autres. Lire pouvait donc également nous rendre humbles. Nous faire savoir qu'il y avait beaucoup d'autres êtres humains sur la planète Terre. Et que tout le monde n'était peut-être pas aussi con que l'on pouvait le penser.

Mon fils prenait des notes. Il n'avait même pas touché son mojito. Il me confia qu'il détestait la menthe. Il essayait plutôt de comprendre et de rassembler tant bien que mal toutes les idées qui lui venaient. Lui qui savait à peine comment tenir un crayon, pour la première fois de ma vie, je le vis entraîné par les phrases qu'il entendait. Alors qu'il m'avait jusqu'ici pensé fou, à tort ou à raison, cet après-midi de septembre, un adolescent de dix-sept ans comprit peut-être un peu mieux de quel bois son père se chauffait. C'est ce que je me suis dit, au lendemain de cette conversation. C'était normal. Il m'avait vu toute son enfance, assis devant mon ordinateur, en train d'écrire des livres dont tous ses amis se fichaient. Il avait sans doute conclu que je ne faisais rien. Que je devais m'amuser, ou m'évader tant bien que mal de cette vie d'au jour le jour. Il est probable qu'après ce travail de philo, que je n'ai pas lu au final, il ait compris que la littérature pouvait aussi servir un peu à quelque chose. En tant que père de famille bien intentionné, contre vents et marées, je me permets encore de me faire quelques illusions. Ce sont probablement les cent millions de livres que j'ai lus qui m'en donnent encore aujourd'hui la permission.

You and Antoine *have liked each other*

•◆•

Mikella Nicol

Sur *Tinder,* comme sur tous les sites de rencontre plus ou moins à la mode, Marie est un paquet de pixels. Avec des organes féminins. Sur *Tinder,* les hommes font semblant d'accorder au moins autant d'importance à sa personnalité qu'à ses attributs. Marie dit, pour se convaincre, que ça renforce l'ego de se faire appeler *cute* par des hommes beaucoup trop vieux, ou beaucoup trop beaux. La vérité, c'est que *Tinder* est la pire invention du monde. Marie le sait, maintenant. À vingt ans, elle sait beaucoup de choses, même qu'elle se sent très vieille, certains soirs.

Ça fait plusieurs semaines qu'elle poireaute sur ce site. Elle pose ses livres un instant pour aller voir si on s'intéresse un peu à elle. Elle y a vu tout ce qu'il y a à voir des hommes. Quand apparaît sur l'écran de son téléphone le visage d'un gars qu'elle n'a même pas l'intention de rencontrer en personne, et que l'application leur révèle qu'ils forment un *match,* elle se promet: «Le prochain père de famille de 47 ans qui m'aborde avec un jeu de mots sur mes seins, j'implose. Je sors dans la rue avec un *gun.* Je vais tirer dans des murs de briques, je vais tirer vers le ciel. Je vais acheter une autre bouteille de vin.»

Marie s'est inscrite en suivant les conseils de ses amies, qui s'amusaient sur *Tinder.* Elles disaient que ça lui changerait les idées. Marie croit que ça a plutôt changé le mal de place. Depuis son inscription, elle s'est fait dire qu'elle écoutait de la bonne musique «pour une fille», et qu'elle était très jolie. À plusieurs reprises. Trop de fois, même, pour pouvoir les compter sans se sentir un numéro, une dinde. Elle a répondu à ces compliments par de simples «O.K.» passifs agressifs. C'est qu'elle n'arrive pas à prendre ce jeu à cœur, même juste une nuit. Marie se souvient avec un certain malaise qu'une voyante lui a dit, un jour, qu'elle avait une vieille âme. Et maintenant, ça: les applications de téléphone pour s'envoyer en l'air avec des inconnus. Ou encore rencontrer l'Amour. Les deux sont possibles. C'est écrit dans le descriptif du *Apple Store*.

Depuis quelques mois, les antidépresseurs de Marie sèchent ses larmes directement dans ses yeux. Ses envies de pleurs sont vouées à l'échec. Pour se consoler, elle aime se souvenir que se sentir seule avec ou sans la figure humide, c'est pareil. Les médicaments rendent tout très plat. Le médecin l'avait bien informée qu'ils ramèneraient ses émotions à un juste milieu acceptable. C'est le juste milieu le plus ennuyeux du monde. Couchée dans son lit, Marie se confie à un anglophone condescendant sur *Tinder*. Elle joue la carte de l'honnêteté, pour qu'il s'en veuille de l'avoir complimentée la veille, de s'être engagé virtuellement avec une folle. Elle écrit à Mike que ses médicaments la rendent ennuyeuse.

— *Says who?* lui demande Mike, avec une émoticône qui tire la langue.

— *Says the psychiatrist,* répond Marie, en se retournant sur le côté gauche pour adopter la position larvaire.

Mike ne répond plus. Elle ne sait pas pourquoi elle regarde l'écran avec insistance, dans l'attente qu'il la traite de cinglée, de dépressive, d'hystérique. La réponse ne vient pas. Elle décide de se coucher. Son écran s'allume, le téléphone vibre. Elle croit recevoir un message de Mike, l'anglo condescendant, mais c'est un nouveau. Ils ont eu un *match* quelques jours plus tôt, sans y donner suite par une conversation. Tandis que Marie hésite à répondre à son « Bonsoir », elle trouve le profil Facebook de cet Antoine. Elle regarde machinalement toutes ses photos. Comme on regarde un catalogue. Il examine sans doute les siennes, en ce moment.

C'est différent, cette fois. Très vite elle se retrouve sur le dos, avidement accrochée à la conversation. Le mot *douchebag* ne lui vient jamais aux lèvres. Elle avoue même à Antoine qu'elle étudie en littérature, vérité qu'elle repousse habituellement le plus longtemps possible, pour qu'on ne cesse pas de *chatter* avec elle par peur de faire des fautes de français. Il veut la rencontrer quand même.

Leur premier rendez-vous est réussi.

Marie se réveille dans le grand lit d'Antoine. Il a dû partir travailler très tôt. Au-dessus d'elle pendent des lumières de Noël blanches, suspendues au mur dans un motif abstrait, comme dans les chambres à coucher sur *Pinterest.* Un livre gît sur le rebord de la fenêtre. Près de lui se trouve un pot Mason, qui sert de cendrier à Antoine, et des crayons à dessin qu'il a sans doute utilisés pendant qu'elle dormait. C'est un artiste. Le cahier de croquis repose sur la longue table en bois. Tout ça est définitivement très *Pinterest.* C'est beau. Marie se traîne jusqu'au bout du lit pour prendre le livre. Comme elle doit examiner la bibliothèque de chaque personne à qui elle rend visite. C'est plus fort qu'elle : toucher les livres des autres. Le livre d'Antoine est tout écorné. Dans le haut et dans le bas des pages. Est-ce un code ? Il sent la cigarette, l'encre. Elle ne connaît pas l'auteur du livre, ça l'intimide. Ça existe encore, pense Marie. Il y avait quelqu'un, sur Internet, qui lisait des livres. Par plaisir. Et je l'ai trouvé.

Marie pose le livre et retourne s'étendre. Elle rêvasse.

À leur prochaine rencontre, ils se souviendront comment ils ont grimpé sur les tables de la Brasserie Laurier lors de la dernière *game* des séries éliminatoires contre les Bruins de Boston. Ils regarderont des vidéos sur YouTube dans lesquels des groupes de jeunes adultes boivent de la *Coors Light* et disent des conneries, et riront d'eux. Antoine et Marie pourraient, éventuellement, jouer à *Mario Kart* sur le GameCube, chez ses parents, et visionner encore et encore la performance de Beyoncé au Super Bowl. Marie en viendrait à lui avouer qu'elle n'arrive plus très bien à se réveiller, le matin, à cause des médicaments. Que c'est comme émerger d'un monde de mollesse et de lourdeur à la fois. Elle pourrait lui parler de sa tristesse, de ses problèmes de jeune fille, trop prévisibles. Ils feraient l'amour après avoir retiré leur pantalon mais gardé leurs chaussettes. Ce ne serait pas grave. Ils sauraient, tous les deux, que leur monde existe. Qu'ils appartiennent à cet univers étrange et fascinant du bouquinage en librairie et des heures de lecture dans le bain. Ce serait correct si l'un d'eux *tweetait* un vers d'Emily Dickinson, ou faisait une blague sur Madame Bovary. Ils pourraient tout faire. Marie et Antoine sauraient qu'il existe, le monde des livres, et qu'ils y appartiennent. Un monde sans *Tinder.*

Sur ces belles perspectives, mais aussi sous l'emprise des antidépresseurs, Marie s'est rendormie.

POÉSIE

La jeune lectrice et la maison inhabitée

Normand de Bellefeuille

La jeune lectrice entre dans la maison inhabitée. Elle y remarque, sur la table de chevet, près du lit défait mais encore tiède, un vieux cahier *Canada* aux coins cornés. Sur la couverture: *32 pages. Exercise Book. Cahier d'exercices.* Et sur la ligne indiquée *Sujet,* un titre: *Le poème est une maison désormais inhabitée.* Puis, sous le titre, un mot qui déjà l'affole: *Poésie.* La jeune lectrice prend le vieux cahier *Canada,* passe lentement sa main sur la couverture, douce malgré l'âge. Hésite. S'assied discrètement sur le bord du lit, comme si elle craignait d'ajouter au désordre. Ouvre le cahier au hasard…

j'ai connu les ténèbres
et j'en suis revenu
mais quelque chose
m'a suivi
un murmure
une silhouette grise
un brouillon de poème
dans un vieux cahier Canada

j'ai connu les ténèbres
mais j'en suis revenu
et quelque chose
m'a suivi

que je tarde à reconnaître
ami fidèle ou bête à cornes?

j'ai connu les ténèbres
mais j'en suis revenu
les ombres
furent mes premiers jouets
tout au fond d'un placard
les mots, plus tard
au centre d'une maison
désormais inhabitée

mon corps est toujours là
trop exactement toujours
là

Elle ne comprend pas trop. Mais regarde tout de même au centre de la pièce où il n'y a pas de corps, évidemment. Puis ouvre le placard, plein d'ombres qui n'ont pourtant pas allure de jouets. Elle ne comprend pas. Lui aurait-on menti, dans ce vieux cahier *Canada*? Elle sent monter en elle non pas les ténèbres, mais une certaine colère, quoique difficile à justifier. Pourquoi lui aurait-on menti dans ce vieux cahier *Canada, 32 pages. Exercise Book. Cahier d'exercices*? Elle hésite. Le jeter par la porte encore entrouverte? L'enfouir au plus profond du placard?

Le maltraiter, pliure tendre, déchirure lente? Mais il y a là, aussi, quelque chose qui ressemble à un appel, à une demande. Sans bien savoir pourquoi, presque irrésistiblement, elle rouvre le vieux cahier *Canada*...

venu de l'obscurité
le poème retourne à l'obscurité
tu lui as voulu un mouvement de prière
puis il t'est revenu
saccage et
délire

n'aie pas peur du noir
car il en est

de même
quand il y a quelque chose
dans le noir
toujours tu te penches
pour regarder

même qu'une fois
étant morte
mais l'ignorant
tu as écrit ce poème

Ce *tu* tout à coup… Lui parlerait-on? Mais qui donc alors? Pas de nom sur la couverture du vieux cahier *Canada*. Qui donc la connaît au point de savoir que lorsque il y a quelque chose dans le noir, oui, toujours elle se penche pour regarder? Puis c'est quoi cette histoire de morte qui, l'ignorant, n'en écrit pas moins un poème? Est-ce que par hasard on se moquerait d'elle? Est-ce qu'on écrirait n'importe quoi? Et pourquoi donc cela lui serait-il destiné? Il lui faut connaître la suite. Tout cela ne saurait en rester *là*. Et donc, à l'aveugle toujours…

postée derrière elle-même
la jeune lectrice
regarde son ombre et dit:
« au soleil, je suis grande »

ainsi, la maison inhabitée
n'est plus que l'ombre
d'elle-même
aussi haute que désertée
car ce qui se prépare tout autour
c'est la nuit
et l'écriture d'un livre
le dernier
qui ne décrirait que la nuit
déjà

elle s'épouvante de ce livre
inévitable
à ce moment exact
de sa vie
déjà
elle sait que chaque nuit
le chaos passera
dans son sommeil
et que l'enfant
qu'elle fut
jamais plus
ne verra son ombre

Mais c'est quoi ce *elle* tout à coup?... Plus aucun doute, c'est bel et bien *elle,* la destinataire de ces étranges poèmes. Car il est tout à fait exact que cette maison est inhabitée et que la nuit approche avec cet élégant cortège d'ombres qui catégoriquement effaceront *son* ombre, celle-là, si grande, que le soleil tantôt, avant qu'elle entre dans cette maison, lui créait. Est-elle vraiment prête à ce que le chaos passe dans son sommeil?

Il lui faut maintenant connaître le fin mot de cette histoire...

bientôt
il y aura mille ans
dans la maison de long séjour
mille ans
dans la maison de bord de mer
et nous attendons encore
toi et moi
comme au premier soir du jeu
immobiles derrière les fleurs de rideau
de la fenêtre du long séjour
de la fenêtre de bord de mer
nous attendons
avec la patience millénaire du poème
mais sur la rue
mais sur la plage
l'angle s'épuise, tout à fait
et ce n'est qu'alors que nous devinons
que nous occupons
une maison désormais inhabitée

mille ans, bientôt
du dur désir de durer
mille ans
de corridors et d'ombres diverses
mille ans
acharnés au cahier du devoir
pour qu'enfin

dans l'effraction même du sens
surgissent
les joies dernières et certaines
du réveillon
au centre même
d'un vieux cahier Canada

Ce *nous* tout à coup… Aucun doute désormais, ils sont complices en cette maison inhabitée, le poète et la jeune lectrice, complices en cette maison de bord de mer, complices en cette maison de long séjour. Ils sont complices en *poésie*… Elle qui se croyait pourtant si étrangère, si peu disponible à cet univers-là. Elle ne craint plus le poème. Elle ne craint plus le poète. Elle lira, jusqu'au matin, tout le vieux cahier *Canada. Exercise Book. Cahier d'exercices.* Elle en lira les 32 pages. Lentement, une à une, dans l'ordre cette fois. Tantôt s'y reconnaissant, tantôt y découvrant un univers si peu familier. Mais toujours à l'écoute de ce qu'il pourrait y avoir *là* qui lui soit, en secret et en son nom, murmuré, confié. Car justement, désormais, elle fait confiance au poème. Elle fait confiance au poète.

Page 32 du vieux cahier *Canada. Exercise Book. Cahier d'exercices.* Elle y lit ceci :

dernier poème:
sans nostalgie
ranger le vieux cahier Canada
et tous les crayons gras
sur ces mots de promesse
et de caresse
de mal et de peur

tourner le dos au poème
sans mélancolie
un sourire même
songeant
à cette tout ultime

demeure

grande ouverte

HABITÉE, DÉSORMAIS

Elle referme le vieux cahier *Canada.* Se glisse dans le lit défait mais encore tiède…

Et elle sourit.

La maison de papier

•◆•

Mireille Levert

Le
bonheur
c'est
ma maison de papier
toute blanche

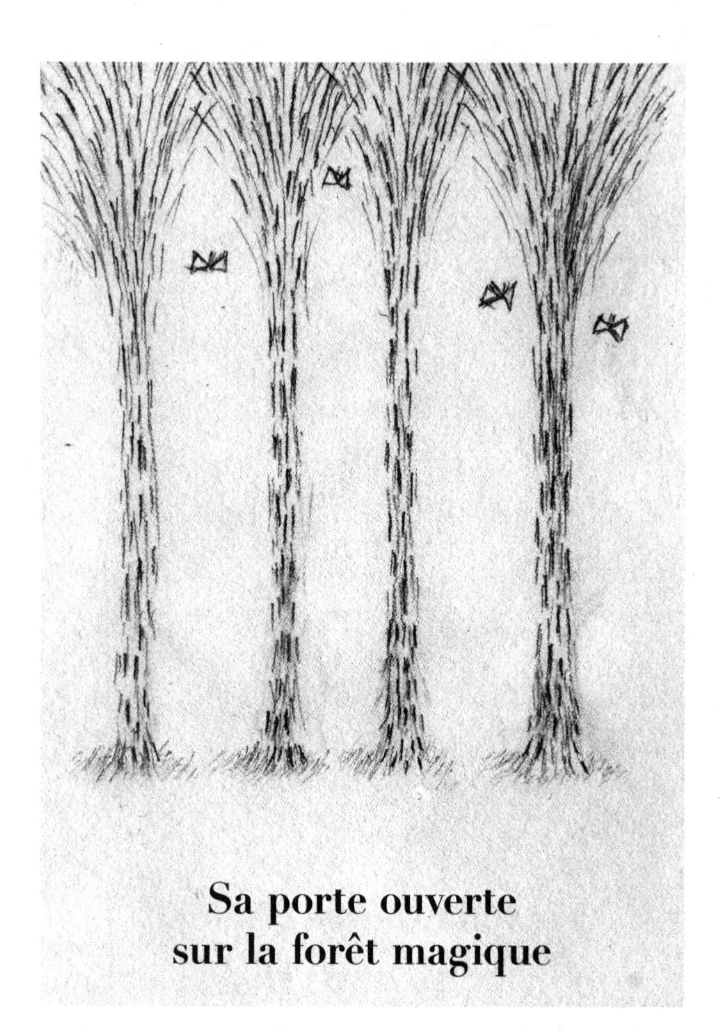
Sa porte ouverte
sur la forêt magique

Mireille Levert

Ses fenêtres découpées dans le ciel

Les mots de son cœur battant des ailes

Le bonheur c'est
ma maison-livre
toute chaude
et plus grande
que moi

BANDE DESSINÉE

Le pâtissier, l'andouillette, le psy et sa perruque

Iris

LE PÂTISSIER, L'ANDOUILLETTE, LE PSY ET SA PERRUQUE
J'en peux plus docteur, andouillette!
Je ne suis pas heureux. Je déteste ma vie et je ne peux rien y changer, andouillette!
Mais c'est le cas de la majorité des gens, mon cher...
Oui, mais moi c'est pire! Je suis condamné à dire ANDOUILLETTE chaque fois que j'ouvre la bouche, andouillette!
C'est trop souffrant! Est-ce que ça existe, un monde où la vie des gens n'est pas dictée par un Livre, andouillette?
Bah... ça doit être payant, être le pâtissier personnel du président, non? Vos parents doivent être fiers de vous!
1

Mes parents? Andouillette.
Mes parents? Ma mère est partie traverser le pôle Sud à pied juste après ma naissance, comme le lui a dicté son Livre. Mon père, lui, n'en pouvait plus de faire ce que son Livre lui disait, alors...
Pouf?
... Oui, POUF, comme vous dites. Disparu de la surface de la Terre, andouillette!
C'est ce qui arrive aux gens qui ne respectent pas leur Livre, vous le savez bien...
Mais c'est trop injuste! Je ne veux plus vivre ainsi. Moi aussi je veux disparaître de la surface de la Terre, andouillette.
Allons, allons... Relativisez un peu. Pensez à tous ces cas pires que le vôtre, comme:
2

Cet homme forcé à devenir politicien et à ne s'exprimer que sous forme de rots.
Burp.
Burp burp burp.
Burp burp.
Burp.
Burp.
Ou encore cette femme qui mâche la même gomme depuis 12 ans.
Et que dire de cet autre homme condamné à devenir marathonien et à porter des talons aiguilles en tout temps.
Tsss... Encore un talon brisé!
53
Et moi? Je m'accommode bien de mon métier de psychologue, même si mon Livre me dit de toujours porter cette énorme perruque et ces vêtements bruns trop petits.
Relativiser, relativiser... Je veux bien, mais ça n'enlève rien à ma souffrance ! D'ailleurs, vous êtes plutôt mauvais comme psy, andouillette!
Hé, ho! On fait ce qu'on peut avec ce qu'on nous demande!
D'ailleurs, je serais bien curieux de goûter à vos pâtisseries. Avec l'attitude que vous avez, ça ne doit pas être mangeable!
Snif, snif, andouillette...
3

Heu... Bon bon bon... Voyez le positif! Votre Livre vous dit de prendre votre retraite à 40 ans pour aller surfer à Hawaï!
Snif, snif, andouillette...
Non, c'est décidé, je veux disparaître. Adieu.
Vous n'avez pas dit andou...
POUF!
Bon... De toute façon, c'est l'heure de mon 15 minutes de yoodle quotidien.
YOUDELIYOUDELIYOUDELA YIHOUUU!!!!
4
IRIS 2014

Les lucioles et la licorne

Jimmy Beaulieu

BESSO
vzmznch plmchplch vzmzmz ...
zvbl blzv.
plpb psws.
fs psswfs pswchsmf ntlqmsf ...
THE JESUS AND MARY CHAIN
Automatic

Pis? As-tu lu le roman que je t'ai prêté ?
Le Vian? Oui, je l'ai commencé...
30
2.

3.

Les lucioles et la licorne

Après tout, j'suis idiot... Merde... MERDE...
BAÔM
4:08
Boris VIAN
L'herbe rouge

-Tout va bien, dit Wolf. Tu sais, il est vieux.
-Il avait l'air si content d'avoir un ouapiti, répondit Lil, pleine de pleurs.
-Être satisfait ou gâteux, dit Wolf, c'est pareil. Quand on n'a plus envie de rien, autant être gâteux.
-Oh! dit Lil. Mon pauvre sénateur.
-Note bien, dit Wolf, qu'il y a deux façons de ne plus avoir envie de rien: avoir ce qu'on voulait ou être découragé parce qu'on ne l'a pas.
-Mais il ne va pas rester comme ça! dit Lil.
-Il t'a dit que si, dit Wolf. C'est la béatitude. Lui, c'est parce qu'il a ce qu'il voulait. Je crois que dans les deux cas, ça finit par l'inconscience.
5.
jimmy 20.12.14

ESSAIS

Le chemin de fer

•◆•

Angèle Delaunois

Au tout début, il y a **l'Idée.** Elle flotte dans l'air, impalpable, mystérieuse, incomplète. D'où vient-elle? Du temps qui s'exprime, d'un souvenir qui remonte à la surface, d'une indignation, d'un article lu dans un journal? Peu importe, elle est là. Elle travaille **l'Auteur** au corps et au cœur. Elle le perturbe, l'empêche de dormir, s'impose jusqu'à devenir importune et incontournable. Soyons clairs: elle lui empoisonne la vie. La petite Idée flotte dans sa tête, toujours présente, parfois pendant des années, attendant une décision, un élan de courage.

Le seul moyen de s'en débarrasser, c'est de se mettre au travail. Un beau jour, donc, l'Auteur s'installe avec ses crayons, son calepin de notes, son écran, ses manies tranquilles et se met au travail. Il faut venir à bout de cette Idée qui grésille sans cesse.

Alors il y a **les Mots.** La dentelle du langage, si précieuse, si précise. Il faut les mettre au service de l'Idée, ces Mots, car c'est l'Idée qui commande. Concocter un plan, un échéancier, des chapitres, des paragraphes, des notes... rien n'est simple. Les Mots résistent, se rebellent. Les personnages imaginés n'obéissent pas toujours à l'auteur. Ils prennent trop de place ou se dérobent. Les lieux ne conviennent plus. Il faut en imaginer d'autres, plus beaux ou plus durs afin de contenter l'Idée. Les actions décrites manquent de tonus ou de crédibilité. Le pauvre Auteur doit faire des recherches, recoupements, entrevues, démarches… se transformer en journaliste, en historien, en ethnologue, en rat de bibliothèque, en détective, en témoin, en victime… Bref, c'est la bagarre ! Personne n'en sort totalement gagnant. L'Idée ronchonne qu'on ne l'a pas respectée et l'Auteur qu'il en a ras-le-bol de cette histoire qui le transforme en esclave.

Mais le temps passant, le pauvre Auteur finit par voir le bout du tunnel. Après un baroud d'honneur, l'Idée va voir ailleurs si c'est mieux. L'Auteur s'en sort avec quelques rides supplémentaires au front, mais aussi avec l'intense satisfaction d'avoir mené cette gestation à son terme.

D'un claquement de doigt, hop ! Voilà **le manuscrit** (pardon, **le tapuscrit**), catapulté directement chez **l'Éditeur.**

Celui-là, on pourrait en parler longtemps, puisqu'il est la pierre angulaire de l'aventure. Sans lui, tout s'arrêterait là et se résumerait à une contemplation narcissique. Il cristallise à la fois la haine et l'espoir de l'Auteur et de son Idée. Tenons pour acquis que le tapuscrit est accepté. Soulagement, liesse, transport de joie… Contrat, droits d'auteur, échéancier, corrections… le livre sera publié.

Une minute ! Le travail n'est pas encore terminé. Un autre individu entre en lice avec sa panoplie de dictionnaires, de grammaires, de logiciels de correction: le **Réviseur...** Ce travailleur de l'ombre, on se plaît à le détester et à l'oublier bien vite. Pourtant, il traque la moindre faute, l'accord hasardeux, les coquilles idiotes, les illogismes qui ont échappé à l'Auteur. Il va même jusqu'à proposer quelques améliorations d'ensemble. Grâce à lui, le texte tiendra la route et roulera longtemps. Combien de livres ont-ils été sauvés du désastre grâce au regard de lynx d'un Réviseur?

Retour du texte annoté chez l'Auteur. Ha, il va râler, l'Auteur! Dire quelques gros mots, hurler que ce fichu Réviseur n'a rien compris à son génie. Bon! Mais après ce coup de gueule, il va sagement s'incliner et saisir la plupart des corrections proposées en remerciant cet ami qu'il ne connaîtra probablement jamais. Ouf, l'Auteur a enfin terminé son boulot, il peut souffler. Et poser son crayon virtuel... jusqu'à la prochaine Idée qui viendra lui titiller les méninges.

Nous nageons dans le monde de **l'Image.** Il est impensable de vendre un livre sans lui concocter une belle couverture ou l'illustrer avec talent s'il s'agit d'un album. Un autre partenaire se met de la partie: **l'Illustrateur.** Et Dieu sait s'il a son importance! Mal choisi, mal foutu, mal compris, si **le Visuel** n'épate pas la galerie, n'épouse pas la tendance du jour et ne fait pas saliver l'amateur, le livre sera boudé et restera ignoré sur son étagère.

L'Illustrateur nage dans un monde onirique, bien différent de celui de l'Auteur. Il hérite d'une histoire à laquelle il doit donner une présence physique. Son monde est celui du trait, de la couleur, de la nuance, des textures, des effets d'ombre et de lumière. Tout comme l'Auteur, il travaille lui aussi avec ce qui le possède, ce qui l'habite, mettant son trait au service du texte et de l'imaginaire d'un autre, souvent inconnu, qui devient ainsi son partenaire et son complice.

Retour à l'Éditeur : esquisses, retouches, négociations, contrat, cachet. Bon, c'est décidé, le Visuel est accepté. On peut aller de l'avant. Prévoir une date de publication. Une mise en marché. Un lancement. Des séances de signatures dans les salons du livre qui se pointent à l'horizon, des interviews, des services de presse…

Quatrième acte : **l'Infographiste** entre en scène. C'est lui le magicien qui assemble texte et image et rend les deux inséparables. Son environnement, c'est celui des logiciels qui évoluent sans cesse, des fontes, des mises en page précises et soignées, celui de l'élégance et du style… Une étape incontournable qui contribue à la présence du livre et lui donne toute sa réalité et sa beauté. Une féerie presque incompréhensible pour les béotiens (dont bien souvent l'Auteur fait partie) qui ne fréquentent pas les hautes sphères du virtuel.

Retour à l'Éditeur. **L'Œuvre** est prête. Elle trépigne d'impatience. Elle a envie d'être imprimée. L'Auteur et l'Illustrateur n'en peuvent plus. L'infographiste se ronge les ongles. **L'Imprimeur** se pointe dans le décor. Devis, négociations, dates de livraison... On signe. D'un seul clic de souris, le projet est expédié chez lui, parfois à l'autre bout du globe. On attend les épreuves numériques avec inquiétude. Le texte sera-t-il bien placé? Les couleurs sortiront-elles dans la bonne tonalité? Le papier rendra-t-il justice aux nuances? Et que dire des bleus... mon Dieu! Les outremers, turquoises et autres azurés ne sortent jamais comme il faut. Pourquoi cette fichue couleur nous donne-t-elle tant de fil à retordre? Autant en prendre son parti... rien n'est parfait.

Les presses se sont tues. Les livres sont imprimés, découpés, reliés, collés, mis en boîtes empilées sur des palettes. Beau rempart de bouquins prêts à être dévorés. On fait quoi avec ces quelques quintaux de papier maintenant? Inutile de penser envahir le bureau de l'Éditeur de ces multiples boîtes. Non! Car il a pensé à tout, l'Éditeur. Il travaille en étroite collaboration avec son **Distributeur,** entité à multiples visages ayant, entre autres, l'avantage de posséder d'immenses entrepôts aérés et bien chauffés où les livres pourront attendre la suite, confortablement stockés sur des tablettes répertoriées dans un système informatique sophistiqué. Ha ! Pause bien méritée...

C'est bien beau d'avoir des livres dans un entrepôt, mais si on ne se grouille pas pour les faire connaître, ils prendront la poussière sur leurs étagères et finiront sous un pilon quelconque, dans un avenir plus ou moins lointain. Donc, le **Diffuseur,** main droite du Distributeur, se joint au cortège. Imaginez une charmante personne, parcourant sans relâche un très large territoire, trimballant un disque dur bien garni et des piles d'argumentaires dans sa valise, qui part propager la bonne nouvelle : « Oyez, oyez, braves gens, j'ai là un livre fantastique que vous allez adorer. Si, si ! »

Maillon important de la chaîne, le Diffuseur a cette force de persuasion qui incitera le **Libraire** à commander un, deux, trois ou une toute une pile d'exemplaires de l'Œuvre en question. Retour au Distributeur qui s'empressera d'expédier tout ce qu'on lui aura commandé.

Et voici l'avant-dernier acte de la pièce. Bien au chaud dans sa boutique, entouré d'une myriade d'ouvrages venant de tous les azimuts, amoureux inconditionnel des livres, ledit Libraire déballe ses boîtes avec fièvre, renifle avec un vif plaisir la colle de la reliure, palpe le papier en connaisseur, caresse le vernis des couvertures avant de se plonger avec délices dans les Mots de l'Auteur, les Images de l'Illustrateur, la magie de l'Infographiste et le travail acharné de l'Éditeur. Là, on aborde carrément sur les rives du sensuel, de la gourmandise… osons le dire, du péché.

Et voilà, la boucle est presque bouclée. Ce petit survol du Chemin de fer est sans doute bien incomplet, mais on me pardonnera de ne pas trop m'étendre sur le sujet. Maintenant, il ne reste que Toi, ami **Lecteur,** pour qui tous ces efforts ont été déployés. Toi qui musardes, hésites, qui saisis le livre, le feuillettes, attiré par un Mot, une Image, une Esthétique qui a chez toi des résonances. Ha ! Tu sors ton portefeuille, ta carte de crédit… Tu l'achètes, ce bouquin, et tu pars avec, enrichi de plusieurs heures de bonheur en perspective. Et grâce à toi, l'aventure continue et prendra ton visage.

Aimer un homme et des livres

Fanny Britt

Quand j'ai rencontré l'homme qui allait devenir mon mari, j'avais le cœur brisé. Réduite en purée par la torpille d'une rupture précédente, broyée par les deuils accumulés, muselée par mon intempestif pessimisme et ma sainte terreur de souffrir davantage, je n'ai d'abord pas donné cher de notre amour. J'étais certaine d'être trop cabossée, je pleurais sans cesse nos spectres, nos distances, nos guerres passées, qui nous avaient laissés tous les deux si amochés qu'un avenir scintillant semblait bien peu probable. Je gémissais aussi, à qui voulait l'entendre (ou à qui était trop poli pour m'arrêter), que nous n'étions pas faits l'un pour l'autre. Il était un oiseau de nuit, un homme de la jungle, des sons, il brillait – me semblait-il – dans la foule des danseurs et des voyageurs, tandis que moi, je me couchais tôt et je brillais – me semble-t-il toujours – seulement en présence des livres qui m'habitaient. Ah oui, et aussi : il ne lisait pas. Quoi ? Moi, dont toutes les histoires d'amour précédentes étaient nées de conversations poético-profondes parfois spécieuses avec des hommes parfois intéressés, mais ô combien *intéressants, ô combien cultivés,* moi, amoureuse d'un homme qui préférait l'écho d'une photographie (et qui ne ressentait que rarement l'envie d'en *parler*) au tapage des mots d'un roman ? Même devant la musique, il préférait l'émotion abstraite de l'électro-acoustique aux paroles crève-cœur de mes vieilles chansons country qui, ai-je besoin de le préciser, me semblaient vitales, à moi. À l'écran, il penchait systématiquement pour les œuvres quasi muettes des frères Dardenne ou de Mike Leigh, s'endormant devant le génie comique de Woody Allen ou de Tina Fey. Un sacrilège. L'homme que j'invitais dans mon lit préférait le silence.

Je nous ai donné tout de même quelques mois, parce que les corps se parlaient trop bien et, qu'entre ses bras, il semblait que rien ne pouvait me briser. Le silence s'installait et le souffle, son souffle, me couvrait. Son souffle lent et apaisant du sommeil, comme une vague, comme le fleuve qu'il était. Son souffle court, suintant, de l'amour, avec ses yeux qui restaient. Le souffle cascade de son rire. Entre ses bras, j'étais bénie. Puis je retournais à la ville, je retournais à moi avec l'empreinte de ses mains partout. Il ressemblait à quelqu'un que j'avais vu dans mes rêves. Il ressemblait à la présence irradiante et à la fois complètement matérielle du vrai, du juste, du bon. De l'accident devenu parcours. Par ailleurs, n'avait-il pas un petit quelque chose d'Edward Ferrars, le bien-aimé d'Elinor, la raisonnable aînée des filles Dashwood[1] ? N'avait-il pas sa discrétion, sa loyauté, sa force morale ? Près de lui, n'avais-je pas, comme Catherine Earnshaw au contact de son Heathcliff[2], l'impression de vivre complètement (*délibérément*, proposait Thoreau[3]) et d'être libre comme le vent sur la lande ? N'était-il pas *le grand soleil qui me monte à la tête quand je suis sûr de moi,* comme l'écrivait Éluard à propos de Dominique[4] ?

L'amour, comme d'habitude, ne s'est pas encombré de mes réserves. L'amour m'a poussée à garder cet homme près de moi, puis à m'installer avec lui et, quelques années plus tard, à fonder une famille. Il y a eu des doutes, évidemment. Des tempêtes, des houles inquiétantes qui ont failli nous perdre, mais Jane Eyre avait retrouvé son chemin jusqu'à Mr Rochester, n'est-ce pas[5] ? Et, dans notre histoire, il n'y avait pas d'épouse secrète enfermée dans une tour, pas d'incendie au château, pas de bien-aimé rendu aveugle. Cette idée me réconfortait, tout de même. Si eux s'en étaient sortis, pourquoi pas nous ? Plus les années passaient, plus notre histoire s'éloignait de la fièvre des ouvrages victoriens et gagnait le territoire, à la fois plus humble et plus vertigineux, du réalisme contemporain. Dès lors, c'était dans les étreintes clairsemées, teintées de sel des Maytree[6], que je voyais mon homme. C'était dans les amours maussades de Frank pour Billy et Billy pour Frank[7]. C'était, malgré le quotidien qui effrite presque tous les mystères, dans l'amour, sauvage amour, de mon sang dans l'ombre. Femme, il me faut t'aimer, femme de mon âge[8], répétait jour après jour mon bien-aimé.

Il m'a fallu du temps pour l'entendre vraiment. Mais une fois que ce fut fait, je n'ai plus jamais cessé de lire son cœur, et jamais cessé d'en avoir envie. Dans ses yeux, le triste garçon de Wildfire[9]. Dans ses gestes, la persévérance du colonel Brandon[10]. Dans son amour bienveillant, enveloppant, la poésie d'Angela Morgan et Emily Dickinson et Suzanne Jacob et Louise Dupré. Dans ma peur de le perdre, le deuil bouleversant de Julian Barnes[11].

Régulièrement, je vois apparaître sur le fil de mon réseau social des listes assorties d'une adorable photo représentant une adorable mannequin en train de lire un livre adorablement, de préférence en riant et en regardant au loin (il peut sembler difficile, voire impossible, de lire et regarder au loin en même temps, mais ces mannequins y arrivent avec une élégance qui force l'admiration). Ces listes portent des titres qui sont toujours une variation sur le même thème: *10 raisons de sortir avec une fille qui aime lire; Pourquoi les filles qui lisent sont les plus géniales; Vous devriez épouser une fille qui lit, et voici pourquoi.* Ces listes me font tiquer pour des raisons évidentes: elles réduisent un acte fondamental (la lecture en est un, en tout cas pour moi) à un atout de séduction. Elles confèrent alors à cet acte fondamental la fonction principale d'*intéresser autrui.* Or, j'en ai contre cette notion. La lecture m'a définie et m'a sauvée. Elle m'a propulsée et endormie. Elle m'a nourrie et donné faim. Elle m'a permis de fantasmer un homme que je venais de rencontrer, de voir en lui, derrière lui, par-delà lui les personnages des œuvres qui m'avaient habitée, et m'a fait le voir plus grand que nature, comme il se doit, évidemment, en amour. Je peux affirmer sans gêne que la lecture, si elle n'a pas fait naître cet amour (la chance, les phéromones et une gorgée de tequila bien *timée* sont responsables de ça), l'a tout de même sublimé et fait fleurir. Pas parce que lui pouvait cocher *goût de la lecture* parmi les qualités requises dans le kit du parfait chum – mais parce que toute ma vie les livres m'ont fait voir le fou et le magnifique, le fiévreux et le douloureux, le possible, l'impossible, et la ligne toute mince entre les deux. Parce que les livres, qui me font croire tous les accroires depuis que je sais tourner des pages, m'ont donné le goût de la vie. L'homme de ma vie ressemble-t-il à un personnage de roman parce que je suis une lectrice? Ou ai-je lu toutes ces années pour savoir attendre, reconnaître et retenir l'homme de ma vie lorsqu'il arriverait? Qui sait? Et quelle importance? L'amour est si riche, dans ces pages, et dans cette vie.

Aimer un homme et des livres

1 *Sense and Sensibility* (*Raison et sentiments* dans sa version française), Jane Austen
2 *Wuthering Heights* (*Les Hauts de Hurlevent*), Emily Brontë
3 *On Walden Pond* (*Walden ou la vie dans les bois*), Henry David Thoreau
4 *Je t'aime,* Paul Éluard
5 *Jane Eyre,* Charlotte Brontë
6 *The Maytrees* (*L'amour des Maytree*), Annie Dillard
7 *Another Marvelous Thing* (*Frank et Billy*), Laurie Colwin
8 *Chaque jour...*, Gaston Miron
9 *Wildfire* (*Une saison ardente*), Richard Ford
10 *Sense and Sensibility*, (*Raison et sentiments*), (encore), Jane Austen
11 *Levels of Life* (*Quand tout est déjà arrivé*), Julian Barnes

Lire à contretemps

•◆•

Catherine Mavrikakis

Les livres sont des refuges, des sortes de cloîtres,
à l'abri des vulgarités du monde actuel.
Walter Pater

Les livres, même quand ils ne sont pas d'occasion, ont, pour beaucoup d'entre nous, quelque chose de vieillot. On les regarde comme s'ils formaient une espèce menacée d'extinction à plus ou moins long terme que l'on devrait peut-être préserver au même titre que les pumas de l'Est américain ou les rhinocéros du Mozambique. Les plus excentriques d'entre nous les collectionnent comme on le fait pour les bibelots anciens, ne leur trouvant plus qu'un charme tout à fait suranné, presque digne du musée.

Oui, il y a dans le livre tel que nous le concevons de nos jours quelque chose de profondément anachronique. Le livre n'est pas de son temps, il y survit tant bien que mal. Gêné, presque honteux d'être encore là... Dans nos imaginaires, il est devenu un objet désuet : il sera bientôt totalement remplacé par ses avatars aux formes plus aérodynamiques, plus contemporaines. Il est déjà en train de se métamorphoser en *ebook* et de n'exister qu'en deux dimensions, en s'adaptant à tous les écrans.

Malgré ces fausses allures de jeunot ou cet air de vieux beau voulant à tout prix se rajeunir qu'il tient à se donner pour rester dans le coup, le livre n'est-il pas réellement très peu actuel, décalé à l'égard du présent quelles que soient les formes qu'il prend ? Ne devrait-il pas tenter d'assumer un peu plus sa « ringardise » ? Et surtout, peut-il arrêter de vouloir se rendre à tout prix tendance ou rentable en se convertissant de façon sauvage à la cuisine ou au développement personnel ?

J'aime bien croire que je peux devenir « moi-même » un grand chef en parcourant les pages des livres qui font sensation sur les étagères et tables de certaines librairies. Je ne boude pas mon plaisir et je crois aux miracles livresques capables de faire de moi demain un Paul Bocuse ou une Tabata Bonardi, même si je ressemble davantage au chef Groleau et que ma spécialité restera le crastillon. Mais dans la quantité astronomique de livres « utiles » qui inondent le marché, ne sommes-nous pas en train d'oublier que la **vraie** lecture est très peu axée sur la maîtrise du contemporain, qu'elle entretient avec ce dernier un rapport qui n'est pas simple ou encore très évident ?

Le livre n'a pas à toujours intervenir sur les tartes que je veux préparer à mes collègues pour les épater ou sur les séparations que je veux réussir en restant amie avec un défilé d'ex… Il n'a pas non plus à me dire comment rester jeune et jolie à 80 ans…

On a beaucoup tenté de réhabiliter le livre en vantant ses pouvoirs de divertissement ou encore en célébrant sa capacité à nous instruire et donc à nous rendre plus présents au monde, plus efficaces à sa réalité. Mais n'est-il pas venu le temps d'avouer l'inutilité du livre et de promouvoir son inefficacité immédiate dans le monde actuel?

La lecture nous place hors d'un temps banal, du présent anodin, vulgaire, et elle nous emporte ailleurs. Et quitte à passer pour une maudite snob, je dirais que ce n'est pas plus mal… La soupe au potiron ou le yoga sur chaise au bureau ne doivent pas être mes seules raisons de lire.

En fait, la lecture de livres littéraires ne peut se concevoir autrement qu'à contretemps du présent.

Dans un monde où il faut être sans cesse branché pour accueillir les moindres informations collectives ou individuelles, où il semble nécessaire de suivre les fils d'actualité de tous les médias et de tous nos amis désormais médias eux-mêmes, le livre ne nous protège-t-il pas de la rumeur contemporaine qui finit par être un peu vaine et répétitive? Ne nous permet-il pas de prendre nos distances devant ce fantasme d'immédiateté planétaire dans lequel nous vivons tous, au même moment? Ne permet-il pas de nous exercer à une singularité et à une originalité où nous ne subissons plus les temps modernes, mais où nous pouvons les mettre entre parenthèses?

La lecture des œuvres littéraires ouvre sur une période qui ne se donne pas dans le moment présent.

Elle nous retire de l'actuel, de cette idée d'un « vivons tout le monde ensemble chaque instant » pour nous permettre de nous mouvoir spirituellement dans un espace et un temps autres. Nous avons tous fait l'expérience de nous oublier dans un livre, de ne plus pouvoir le lâcher des mains. Où étions-nous alors quand nous lisions ? Pas tout à fait dans le présent. C'est sûr.

Dans un récent reportage sur des otages en captivité, dans les témoignages recueillis auprès des survivants dans les camps de concentration, on pouvait comprendre combien la lecture manque à ceux et celles qui pourtant ne devraient rêver que de liberté et de nourritures grasses… Pourquoi cette envie de se souvenir des passages de romans, de se réciter un poème, de reconstruire à plusieurs l'intrigue d'*Anna Karénine*, alors que l'on n'a plus rien ? Pourquoi ne pas chercher uniquement dans ses souvenirs personnels de quoi tenir devant l'horreur et la peur ? Pourquoi réécrire dans son esprit des livres lus il y a longtemps, sans aucun papier, stylo ou ordinateur ? De la même façon, pourquoi tenter de fredonner tous les mouvements de la *Neuvième Symphonie* de Beethoven, alors que l'on peut mourir à tout moment ?

C'est que l'art et, bien sûr, la littérature sont liés à un désir humain inaliénable de grandeur qui ne se retrouve pas toujours dans le quotidien ou dans l'utile. Nous avons tous besoin de quelque chose que le présent ne peut altérer. Nous rêvons tous d'un monde qui peut échapper à ce que nous sommes. Même le livre le plus réaliste nous offre cette promesse d'un moment à l'abri de notre petitesse à nous, si commune.

En ce sens, bien sûr que je peux reconstruire *Madame Bovary* dans ma tête, bien sûr qu'une tablette ou un ordinateur ne m'enlève pas mon expérience de la lecture. Mais sur écran, je lis aussi bien Michael Delisle, Martine Audet, Virginia Wolfe, que les poncifs d'un Dr Phil. La matérialité du livre fait paradoxalement partie de mon plaisir de lecture et de ma possibilité d'être ailleurs. Elle m'apporte des suppléments sensoriels différents à chaque livre. L'odeur, le grain du papier, le contact de mes doigts sur la page, l'ampleur du bouquin dans l'espace sont importants pour moi. De même que j'aime les gens qui se mettent en frais pour les occasions spéciales, de même j'aime que chaque livre ait sa couverture à lui, se présente dans un smoking noir ou bleu ou arbore un sautoir de perles… Oui, on pourrait dire que je suis fétichiste… L'ordinateur et les tablettes, je les touche à tout moment dans mon quotidien, alors j'aime aussi découvrir d'autres matières… Je ne déteste pas les contacts virtuels, mais je mange encore très souvent avec des amis, que je pourrais simplement voir sur Skype. Il y a dans la présence du livre dans le monde quelque chose qui plaît encore à une vieille snob comme moi qui ne trouve pas que «la chair est triste» et qui n'a pas encore «lu tous les livres».

Comment, dans un monde où il est nécessaire de défendre le livre et la lecture, est-il possible de vouloir être écrivain? La romancière que je suis peut-elle se laisser décourager par les propos pessimistes que tient l'essayiste de la catastrophe que je me plais à incarner ici? Le plaisir d'écrire n'est bien sûr pas lié au nombre de lecteurs que l'on est capable de toucher ni à l'argent que l'on a grâce aux droits d'auteur. Au contraire, il y a parfois au cœur de l'écriture le désir secret d'être lu par des gens uniques que l'on ne connaît pas, mais que l'on saura toucher après sa mort. L'écrivaine que je suis envoie ses livres, comme on envoyait des lettres, non seulement à ses contemporains, mais aussi aux femmes et aux hommes des générations à venir. Elle s'adresse même parfois aux morts que l'écriture se permet de faire revivre un peu.

La tâche de jouer avec les mots, les lieux, les temps et les personnages que je me donne chaque jour dans mes rituels d'écriture crée pour moi des moments privilégiés, hors du temps, grâce auxquels je peux quitter les réalités banales de ma vie pour inventer et réinventer mon présent et même le futur.

N'avons-nous pas le droit, nous lecteurs et écrivains, d'afficher un certain mépris pour un présent contraignant? Pourquoi ne pas refuser par intermittence d'être de son temps? Les livres nous extirpent de la niaiserie parfois insupportable du monde actuel, et j'ose affirmer que c'est pour cela qu'ils sont appelés à disparaître. Il n'y aura bientôt plus que du présent.

Mais d'ici là, j'espère que nous serons encore nombreux à vivre par intermittence à rebours de ce monde et à être des lecteurs et écrivains bien snobs, attachés aux «vrais de vrais» livres…

FICTION

DEUXIÈME PARTIE

Parole d'honneur

•◆•

François Gravel

Je suis souvent invité dans les écoles pour parler de mon travail aux élèves. Quand ils me demandent comment j'ai commencé dans le métier, je leur raconte volontiers l'anecdote qui ouvre ce récit. Comme j'en rajoute un peu chaque fois, j'en suis à me demander si elle contient encore une part de vérité. Mais est-ce si important, à bien y penser ? Elle me sert après tout à présenter les écrivains comme des menteurs professionnels.

François Gravel

Mon premier souvenir de menteur remonte à ma plus tendre enfance. J'avais quatre ans, et j'avais fait quelque chose de mal. Rien de très grave, qu'on se rassure : un simple coup de pied donné sur le tibia de ma sœur. Comme ça, pour le plaisir. Ou alors pour la punir d'être née, peu importe. Ce qui est tout à fait certain, en revanche, c'est que le geste était délibéré. Elle avait juste à ne pas se trouver sur mon chemin, après tout. Tant pis pour elle. C'est vrai, quoi.

Mon père a vu la scène. Plutôt que de me punir immédiatement, comme je m'y attendais, il m'a cependant demandé si je l'avais *fait exprès*. Ignorant la signification exacte de cette expression, j'ai répondu « non », à tout hasard, pressentant que cela m'éviterait peut-être la punition. Peut-être aussi qu'un savant calcul de probabilités m'avait amené à la même conclusion, mais toujours est-il que j'ai menti, et il m'a cru.

Stupéfiante découverte. Mon action méritait punition, je le savais, mais j'avais réussi à infléchir la marche inexorable du destin. Non seulement j'avais éprouvé un grand plaisir en donnant un coup de pied à ma sœur, mais j'avais habilement évité la punition, ce qui avait doublé mon plaisir. C'est ce qu'on appelle, je crois, une situation gagnant-gagnant.

Soixante ans plus tard, je me délecte encore de ce souvenir : David, quatre ans, a terrassé le géant. Le plus beau de l'affaire, c'est qu'il n'y avait pas de pierre dans sa fronde, mais des mots, rien que des mots. Or, il y en a plein autour de soi, et c'est gratuit ! Même pas besoin de se pencher pour les ramasser !

Pendant les années suivantes, je me suis livré à diverses expérimentations pour parfaire ce talent découvert par accident, et j'ai raffiné mes techniques en utilisant souvent les professeurs comme cobayes – il faut bien qu'ils servent à quelque chose. Rien ne sert de donner trop de détails, par exemple. Ça fait louche. Le tout est de trouver celui qui fait mouche et de le lancer sans insister, mine de rien.

J'ai aussi vécu quelques échecs humiliants qui m'ont permis de tirer des leçons encore plus précieuses.

La première de ces leçons est de ne pas gaspiller ses cartouches : une réputation se détruit beaucoup plus vite qu'elle se construit, et on ne peut pas renouveler à l'infini son cercle d'amis.

Je me suis aussi fixé très tôt une règle d'or à laquelle je n'ai jamais dérogé: mes mensonges sont toujours gratuits. Pas question d'y trouver un profit pécuniaire: je suis un esthète, pas un escroc. Pas question non plus d'y chercher une gratification psychologique à bon marché. Je ne me suis par exemple presque jamais vanté de prétendues prouesses sexuelles. Je ne connais rien de plus pitoyable.

Au moment de choisir ma carrière, j'ai évidemment pensé devenir vendeur, politicien ou comédien, mais j'ai plutôt choisi un métier solitaire, dans lequel il est à peu près impossible de mentir: je suis luthier. Je suis jugé sur la qualité de mes produits, pas sur mon baratin.

Mais le soir, je me paie la traite.

J'ai longtemps fréquenté les bars branchés. Me laissant guider par l'inspiration du moment, je devenais architecte ou concierge, joueur de hockey ou journaliste sportif, scientifique ou astrologue, écrivain ou éditeur. Il m'arrivait d'inventer des fraudes financières auxquelles personne ne comprenait rien, moi le premier. En ces matières comme en tant d'autres, suggérer vaut toujours mieux que montrer. Au jeu de la fiction, une ellipse bat dix gros mensonges.

J'avais aussi une grande facilité à faire croire à mes interlocuteurs que j'étais alcoolique tout en me persuadant moi-même du contraire, mais j'ai bientôt dû faire face à la réalité. Quand j'ai atteint la quarantaine, mon médecin m'a fait comprendre que l'alcool était un habile menteur, lui aussi: contrairement à ce qu'il prétendait, il n'était pas véritablement mon ami. Je me suis alors mis à fréquenter des groupes d'hommes et de femmes qui pratiquaient l'autoflagellation en buvant du mauvais café, mais je m'en suis lassé: les animateurs de ces groupes accordent une valeur imméritée à la vérité, ce qui rend leurs témoignages répétitifs.

Je me suis plutôt tourné vers Internet. Tout comme les amateurs de pornographie, j'ai vite compris les avantages de ce réseau. Je pouvais communiquer avec des correspondants qui se trouvaient aux quatre coins du monde et leur raconter n'importe quoi? J'aurais été bête de m'en priver.

Confortablement installé chez moi, je passais mes soirées à raconter à des femmes de tous âges que j'étais nègre littéraire, impresario ou chroniqueur culturel, veuf, divorcé ou transsexuel, que j'avais un poids santé, que toutes mes épreuves m'avaient fait grandir et que j'étais prêt à plus, si affinités.

La facilité a cependant des effets délétères sur l'adrénaline. Pour compenser, je devais m'inventer des personnages toujours plus complexes, qui me demandaient un surcroît de documentation. Je me disais atteint de maladies dégénératives rares ou de troubles psychologiques qui ne figuraient même pas dans le DSM, je pratiquais des métiers auxquels je ne connaissais rien – soudeur sous-marin, par exemple, ou politicien belge.

J'ai aussi pris beaucoup de plaisir à fonder des ONG, ce qui offrait plusieurs avantages: quand mes interlocutrices voulaient me rencontrer afin de pousser plus loin notre relation (pourquoi diable les gens tiennent-ils tant à ce que leurs fantasmes se réalisent? Ne savent-ils pas à l'avance qu'ils seront déçus?), je n'avais qu'à m'inventer une mission dans un pays lointain pour refroidir leurs ardeurs. Je soupçonne que cela explique pour une bonne partie qu'il y ait tant d'ONG de nos jours.

Internet a donc fait de moi un homme heureux, et encore plus quand je suis entré en contact avec une personne que j'appellerai Agnès B.

Quand j'ai commencé à la fréquenter virtuellement, elle disait travailler pour Médecins sans frontières.

Je lui ai répondu en prétendant que j'étais un ingénieur qui travaillait dans le Sahel, et nous avons échangé des courriels plus passionnants les uns que les autres. Elle avait un don rare pour la description des maladies tropicales, et je suis devenu expert en forage de puits.

Certains aspects de ses courriels m'ont bientôt chicoté: si elle était vraiment spécialiste en maladies tropicales, pourquoi ses descriptions ressemblaient-elles autant à celles qu'on retrouve sur Wikipédia? Et pourquoi commettait-elle tant de fautes d'orthographe quand elle décrivait sa vie quotidienne, mais aucune quand elle parlait des maladies exotiques rares?

La puce qui se tient en permanence sur le pavillon de mon oreille m'a suggéré de pousser plus loin mes investigations, et j'ai vite appris que personne portant le nom d'Agnès B. n'avait jamais travaillé pour Médecins sans frontières.

J'ai alors inventé une histoire justifiant le fait que je m'étais livré à une enquête à son sujet (j'avais supposément perdu puis retrouvé son adresse de courriel), et elle m'a avoué qu'elle avait en effet emprunté un raccourci quand elle avait dit travailler pour Médecins sans frontières. Elle travaillait en fait pour un organisme qui *chapeautait* les activités de Médecins sans frontières en Amérique latine, d'où ma méprise.

Elle ne m'a cependant pas donné le nom de cet organisme. Simple oubli de sa part, sans doute.

Poursuivant mes recherches, je me suis aperçu que la photo qu'elle m'avait envoyée ressemblait à s'y méprendre à celle d'une comédienne qui jouait le rôle d'une pharmacienne dans le catalogue d'un fabricant de produits pharmaceutiques allemand, et que cette même photo avait par ailleurs été utilisée par une autre de mes correspondantes qui prétendait s'appeler Roxane et disait travailler comme avocate constitutionnaliste à Ottawa, ce qui expliquait qu'elle avait beaucoup de temps pour écrire.

J'ai alors envoyé un courriel à Agnès pour lui faire part de cette troublante coïncidence. Elle m'a répondu en me félicitant pour ma clairvoyance et en me remerciant chaudement de lui avoir donné des nouvelles de sa sœur jumelle, avec laquelle elle s'était brouillée pour des raisons qu'elle n'avait jamais bien comprises et qu'elle avait perdue de vue depuis des années.

J'ai alors su que j'avais trouvé la femme de ma vie, et nous avons commencé une relation qui dure encore aujourd'hui, vingt ans plus tard. Nous nous écrivons chaque soir, et je ne manque jamais de lui donner des nouvelles de sa jumelle, qui mène une vie encore plus palpitante que la nôtre.

Nos nombreux voyages à l'étranger nous ont malheureusement empêchés de nous voir en vrai, mais qui s'en soucie ? Quand on a trouvé son âme sœur, on ne chipote pas sur ce genre de détails.

Le reste du temps, j'écris.

Le petit coin…
de lecture

Daniel Marchildon

— Qu'est-ce qui vous a inspiré une idée si, euh… saugrenue ?

Le désespoir. Voilà ce que je devrais répondre. Mais ça, c'est la moitié de la vérité que je préfère ne pas révéler.

— Ma mère aimait que la maison soit propre. C'est de là que vient ma passion pour la lecture. Je viens d'une famille assez nombreuse. Chaque fois que maman se décidait d'entreprendre le ménage, elle nous chassait du foyer avec la stricte consigne de nous rendre à la bibliothèque et d'y rester le temps qu'elle parvienne à astiquer notre modeste demeure.

Mon éditeur, l'air dubitatif, se met à nettoyer ses lunettes déjà impeccables. Un mauvais signe.

— Quel est le rapport avec votre habitude de vous enfermer dans la salle de bains pour lire ?

La partie pour le convaincre s'annonce longue et difficile. Les recueils de nouvelles se vendent encore moins bien que les romans, et mon concept, en plus d'être inédit, risque de rebuter certains lecteurs.

— Devenu un mordu des mots, je souhaitais prolonger mon plaisir jusqu'à tard dans la nuit. Mes parents nous imposaient un couvre-feu. Quand je tentais de lire caché sous les couvertures avec une lampe de poche, le grand frère avec qui je partageais ma chambre me dénonçait. Alors, j'ai trouvé une solution : me réfugier au petit coin où, le temps d'une heure ou deux, même plus dans le cas d'un livre passionnant, je pouvais poursuivre ma lecture en toute tranquillité. La maison comptait deux salles de bains.

Mon éditeur soupire. Malgré trois succès d'estime, aucun de mes sept romans historiques ne s'est vendu en quantité suffisante pour même friser le seuil de la rentabilité. Il peut bien entretenir de sérieux doutes par rapport au succès éventuel du prochain.

— Mais vous écrivez pour des adultes libres de choisir le moment et l'endroit où ils lisent, pas pour des enfants à qui les parents fixent l'heure du dodo !

Je sors ma carte atout.

— En effet, mais, tous les jours ou presque, ces adultes se retrouvent au petit coin avec quelques minutes devant eux, un temps qu'ils souhaiteraient sans doute passer autrement qu'en regardant les murs du lieu qui, règle générale, sont insipides, surtout quand on les examine pour la énième fois. Vous avez déjà remarqué ce que les gens laissent à la portée du trône, chez eux ?

Mon éditeur réfléchit. Il ne faut pas lâcher prise.

— D'anciens numéros de *L'actualité*, des revues de mode ou, pire encore, le *Reader's Digest*.

Le coup porte.

— Vous avez raison. Le *Sélection* laisse à désirer.

Je retire un livre de ma poche de veston et le dépose sur le bureau devant mon éditeur.

— Un jour, chez un ami, en évacuant un repas indigeste, je suis tombé sur ça. J'ai alors entrevu la route menant au succès de librairie.

Subitement, la mine de mon éditeur redevient sceptique. Il prend le livre.

— *Ah… sh*t!*, de Jacques Brunet.

Il feuillette en écoutant mes explications.

— Une soixantaine de courtes nouvelles, deux pages au maximum, que l'auteur appelle des agaceries. Dans ces textes bien ficelés, avec un incipit accrocheur et une bonne chute, on retrouve de l'humour grinçant et des personnages hétéroclites, du bonhomme grichou au poète maudit, en passant par la ménagère analphabète. On en lit un ou deux, trois à la limite si notre affaire prend du temps, et on passe un agréable moment, au point de presque oublier pourquoi on se trouve là.

— Et vous voulez me proposer vos propres agaceries?

Souriant, mais pas trop, car je ne veux pas passer pour triomphaliste ou prétentieux, je sors mon manuscrit de mon sac à dos.

— Mais en mieux. J'en ai écrit soixante-dix axés sur la dénonciation de l'hypocrisie et de la langue fourchue, autant celle des politiciens que des vedettes ou encore des sportifs. J'y vais avec de l'humour caustique dosé d'ironie et parfois de sarcasme.

Mon éditeur accepte le manuscrit qu'il manipule comme un rouleau de papier de toilette. Il lit la page titre.

— *Ça, ça fait ch*er.* Vous ne trouvez pas que c'est un peu, euh… scatologique?

— Peut-être. En même temps, c'est honnête.

— Bon, je vais le lire.

Je cache à peine mon soulagement.

— Prenez votre temps. En fait, je vous suggère de le placer dans votre salle de bains pour l'apprécier *in situ,* pour ainsi dire.

Les yeux de mon éditeur reflètent son désarroi. Il ne sait pas s'il doit me prendre pour un génie ou un fou. Cependant, un élément plaide en ma faveur: le désespoir mutuel. Pour survivre, la maison d'édition a autant besoin que moi d'un succès en librairie. Le café Balzac où, grâce à mon emploi comme *barista,* je gagne ma croûte si mince soit-elle, va bientôt fermer ses portes…

Six mois plus tard…

Pari tenu.

Il en a fallu du temps, car mon éditeur a scrupuleusement respecté le mode d'emploi. Il a donc mis trois mois à évaluer mon manuscrit, au rythme de ses séjours prolongés au petit coin. «Ça, ça fait vraiment chier, m'a-t-il avoué en m'offrant un contrat d'édition. Ça me donnait vraiment envie, euh… d'y retourner. Ce recueil de lectures de bécosse a un énorme potentiel commercial.»

Un an plus tard…

Pari gagné.

Le recueil fait un malheur.

Encore une fois, il a fallu faire preuve de patience. Déconcertés par un titre comme le mien, les animateurs des émissions de télé et de radio m'ont boudé. Cependant, un à la fois, les lecteurs de salle de bains ont adopté mon recueil et leur force collective l'a poussé sur les listes de lectures suggérées. Quand les médias se sont enfin intéressés à mon bouquin, j'ai usé de délicatesse et d'astuce pour le mettre en valeur. Mon recueil a trouvé sa place dans les salles de bains les plus cossues et les plus décrépites.

Après vingt ans de carrière, j'ai enfin obtenu la notoriété et les droits d'auteur convoités depuis si longtemps. Maintenant, dans les salons du livre, plutôt que de passer le temps à compter les gens dans les files d'attente devant les stands des auteurs populaires, je suis occupé à signer des dédicaces comme un automate.

Deux ans plus tard…

Pari perdu.

Mes lecteurs, et surtout mon éditeur, me réclament un deuxième recueil du même acabit. Je me suis mis au travail et, malgré de prodigieux efforts, je n'y arrive pas. Je souffre d'une constipation créatrice.

Pire encore, mon public déchante. D'abord, certains ont abusé du recueil. Complètement absorbés par leur lecture, ils restaient longtemps cloîtrés dans la salle de bains. Il y a même eu quelques cas de lecteurs ayant développé des problèmes intestinaux. D'autres (plus sensés quand même) se sont emballés au point de continuer leur lecture hors du lieu prescrit. Plusieurs ont alors fini par trouver le livre banal, sans l'intérêt et l'éclat que lui conférait le cabinet d'aisance.

Après avoir chuté, les ventes ont complètement cessé. Les derniers exemplaires sont en route pour le pilon. Toujours en panne d'inspiration, je vois la somme de mes droits d'auteur fondre comme neige au soleil.

Dernièrement, j'ai replacé *Ah… sh*t!* dans ma salle de bains. J'ai pris plaisir à le relire. Jacques Brunet, qui est décédé, n'est pas devenu un auteur riche et célèbre. Malgré ça, je soupçonne qu'il a été plus heureux que moi.

Bientôt, il va falloir me résigner à l'inévitable : écrire un livre de recettes. Et ça, ça fait vraiment…

Daniel Marchildon

Note de l'auteur: Le livre *Ah… sh*t!*, de Jacques Brunet, existe vraiment et a été publié aux Éditions David, à Ottawa, en 1996.

Elle a vécu

Sophie Bienvenu

Dans mon rétroviseur, j'aperçois les sièges pour enfants vides. Ça me fait toujours un peu bizarre de partir sans les enfants, de savoir qu'ils auront de plus en plus de morceaux de leur vie sans moi. Je les imagine cet après-midi avec leur père, à faire des dessins, à regarder pour la millième fois *Les avions* tous les trois. Mes trois hommes. Le plus petit se serait endormi sur la poitrine du plus grand, pendant que l'autre profite de la sieste de son petit frère et de son papa pour se rapprocher beaucoup trop de la télé. Ils sont peut-être en train de se construire un fort avec les coussins du canapé, et j'entends presque leurs rires jusqu'ici, à l'intérieur de l'auto de laquelle je n'ose pas sortir.

Je ne sais pas combien de temps ça m'a pris, ni ce que j'ai attendu, mais j'ai fini par y arriver. Tous les employés de la Maison que j'ai croisés en me rendant à la chambre de ma mère m'ont souri avec de la tristesse dans les yeux. Leur façon à eux de me prodiguer leur soutien. Je n'ai pas posé de question à l'infirmière qui sortait de sa chambre comme j'y entrais. Je ne veux pas savoir. Je sais trop.

Son visage est rivé sur la fenêtre, mais les stores sont tirés. Je ne vois pas si elle dort, si elle regarde le passé, ou si elle a simplement détourné les yeux pour que je ne me rende pas compte qu'elle pleure. Tristesse ou douleur? Peut-être bien les deux.

Je m'assois à côté d'elle. Son corps est devenu si petit et si fragile qu'elle disparaît presque sous les draps. J'essaie de ne pas m'attarder aux souvenirs, car ils me font mal aujourd'hui. Bientôt, il ne me restera qu'eux, et leur source sera tarie. J'ai la gorge tellement sèche qu'elle en devient presque brûlante. Je voudrais être forte pour que ma mère puisse partir en paix, honorer sa vie plutôt que de pleurer sa mort, mais je n'y arrive pas. Quand je vais ouvrir la bouche pour lui parler de banalités, peut-être lui raconter la première journée à la garderie de Sasha, peut-être lui dire qu'il fait bon dehors aujourd'hui, elle entendra les larmes. Elle a toujours entendu mes larmes.

Elle fixe encore la fenêtre, mais son visage sourit presque. J'ai toujours reconnu son sourire.

« À quoi tu penses, maman ? »

Elle glisse sa main vers la mienne et la serre à peine, mais aussi fort qu'elle peut, puis me répond : « À ton père. »

Je n'ai pas grandi avec un manque, car ma mère était là, mon foyer à elle toute seule, mais j'ai toujours été curieuse de savoir qui il était, comment ils s'étaient rencontrés, pourquoi il était parti. Est-ce qu'il était mort ? Mes questions d'enfant butaient sur la même réponse : « On s'est aimés très fort. »

Elle a pourtant essayé de me parler de lui au début de sa maladie, mais j'ai refusé. Que je l'écoute lui aurait permis de mettre ses affaires en ordre pour partir en paix, lui aurait donné carte blanche pour ne pas se battre, m'aurait forcée à admettre qu'elle était effectivement mortelle. Si je ne la laissais pas se confesser, je ne la laissais pas partir. Je me mords la lèvre tellement fort que le goût du sang me ramène ici, maintenant. Sa main est toujours autour de la mienne, mais elle ne serre plus, frêle comme un petit oiseau.

« Raconte-moi, maman. »

C'était un 25 juin, je m'en souviens très bien à cause de la Fête nationale, la veille. Le parc était encore plein de détritus, même si c'était l'après-midi. Je trouvais ça poétique. Une triste métaphore du référendum qu'on nous avait volé. Et tu sais comme j'ai toujours trouvé une certaine paix dans le chaos. J'avais décidé d'aller lire sur le banc, en face de chez moi. Je découvrais La promesse de l'aube, *et je l'ai relu chaque année après ça. Je connais encore des passages par cœur : « On revient toujours gueuler sur la tombe de sa mère comme un chien abandonné. » C'est drôle que je te raconte ça maintenant. Ça aussi, c'est poétique, tu ne trouves pas?*

Enfin. J'avais 34 ans, l'âge que tu as aujourd'hui, mais j'étais tellement différente de toi ! Je venais de livrer mon quatrième roman à mon éditeur, tu sais, celui avec le chat, là... comment s'appelait-il, déjà? C'est pas grave. Oh ! Je suis contente de mourir aujourd'hui, parce que j'aurais fini par tout oublier, ma chérie.

Tu sais comme je n'ai jamais voulu d'homme dans ma vie. Je n'ai jamais cru à ces choses-là, la vie commune, sortir les poubelles, aller souper chez des amis, tous les soirs éteindre la lumière en s'imaginant être ailleurs… pour moi, c'était ça, le couple, tu vois. Et j'étais mariée à la littérature, de toute façon. J'avais l'impression de faire quelque chose d'important, de remplir une mission. Pas parce que ce que j'écrivais était particulièrement bon, mais parce que j'étais une femme et que j'avais une place. C'était pas rien, tu sais, à l'époque.

Il est venu s'asseoir à côté de moi, sur le banc, et il m'a fixée. J'ai fini par arrêter de lire pour le regarder aussi. Il m'a fait un sourire, et j'ai repris ma lecture. Je sentais toujours son regard sur moi. Ça me mettait mal à l'aise, mais en même temps… son énergie, ses yeux… il était le parfait mélange de fascinant et d'exaspérant. Puis il m'a demandé si c'était bon, ce que je lisais, avec son accent pointu comme un chapeau de fête. Évidemment, il était français ! Il n'y a qu'eux pour susciter des sentiments aussi contradictoires. Et dans le temps, ils étaient beaucoup moins nombreux que maintenant. Ils étaient encore un peu exotiques, tu comprends.

Les manches de sa chemise étaient roulées, et je ne le savais pas encore, mais j'étais déjà amoureuse de ses avant-bras. Et de son cou. Je n'ai plus jamais vu un cou comme le sien. Je ne sais pas pourquoi, je me suis mise à parler moi aussi avec un chapeau pointu. Mais il m'a quand même dit: «Vous avez vraiment un drôle d'accent, vous autres, Québécois. C'est dommage.» J'étais tellement vexée! Je lui ai demandé:

«Comment ça, c'est dommage?

— Parce que vous êtes la plus belle femme que j'ai jamais vue.»

J'ai haussé les épaules pour qu'il ne voie pas mon sourire. Mon cœur battait tellement vite et tellement fort que j'avais peur que ça paraisse au travers de mon chemisier.

On est restés là, à discuter pendant un long moment. Je ne me suis même pas rendu compte qu'ils avaient nettoyé le parc pour enlever la poésie. Mais peut-être que c'est nous qui l'avions absorbée. Je ne peux pas en être tout à fait sûre. On n'avait pas le goût que ça s'arrête, je voulais vivre ici, sur ce banc, avec lui. On n'aurait pas eu de poubelles à sortir, pas d'amis chez qui aller souper, pas de lumière à éteindre le soir, pas besoin d'être ailleurs… Ç'aurait été juste nous deux, là, pour la vie entière et même après.

On a traversé la rue pour aller chez moi. C'était pas mon premier, mais c'était comme si. Pendant qu'on faisait l'amour, il m'a dit «je t'aime» et je l'ai cru. Moi, je ne l'ai pas dit.

On a fumé une cigarette tous les deux en regardant dehors, c'est là que j'ai commencé à fumer. J'ai jamais plus été capable d'arrêter. Chaque bouffée, après ça, c'était comme goûter ses lèvres à nouveau, comme voyager dans le temps.

Avant de partir, il m'a dit : « Viens avec moi. C'est joli, Brest. » Il prenait l'avion le lendemain, c'est bien sûr. Un amour comme ça, on ne pouvait pas me le laisser.

Je n'ai pas eu besoin de répondre, il a compris. Je ne pouvais pas partir. Je ne voulais pas. C'était trop grand, ailleurs, c'était trop loin. Je serrais sa tête dans le creux de mon cou, juste là, pour qu'il ne me voie pas pleurer. Serait-il resté si je le lui avais demandé ? Cette question a résonné dans mes insomnies pendant très longtemps. C'est cher payé, une vie de doutes pour un moment de lâcheté, tu sais. Quand il est parti, Montréal a cessé d'être ma maison. Jusqu'à ce que tu sois là. Huit mois et trois semaines plus tard.

Ma mère tourne la tête vers moi en souriant, les yeux brillants. Elle fait un signe vers sa table de chevet, elle ne peut plus parler. J'aimerais croire que c'est l'émotion qui la rend muette, mais je sais que c'est la mort qui a commencé à la prendre par la voix. Dans le tiroir, un vieux livre que j'ai vu dans ses mains des dizaines de fois, tellement familier qu'il est devenu presque invisible. Je l'ouvre et je lis tout haut les premiers mots: «*C'est fini. La plage de Big Sur est vide, et je demeure couché sur le sable, à l'endroit même où je suis tombé.*» Ma mère me fait un faible signe de la tête pour que je continue. Elle m'inonde une dernière fois de son amour avant de fermer les yeux. Ses lèvres, qui connaissent les mots par cœur, accompagnent ma voix, jusqu'à ce que la mort les prenne, elles aussi: «*La brume marine adoucit les choses; à l'horizon, pas un mât; sur un rocher, devant moi, des milliers d'oiseaux; sur un autre, une famille de phoques…*»

Une vie

•◆•

Andrée A. Michaud

Tout a commencé au fond d'un couloir sombre où résonnait la voix d'Oscar Wilde: «Et toujours c'était l'hiver chez le géant et le vent du nord, et la grêle, et la glace, et la neige, qui dansaient au milieu des arbres.» Tout a commencé sur le sol froid d'un couloir carrelé de rouge et de blanc, près d'un placard où s'entassaient pêle-mêle livres d'enfants et livres sans images débordant des milliers de mots qui englobaient le monde. Tout a commencé là pour se poursuivre en plein cœur d'un été torride durant lequel le vent du sud soulevant les rideaux de ma chambre bleue s'est chargé de l'odeur du sang de Miss Blandish. Tout a commencé sur une route où le hurlement des coyotes à la brunante allait me donner le désir de hurler avec eux dans des forêts dont je planterais les arbres un à un, épinettes et bouleaux, érables, couverts de givre et ployant sous «le vent du nord», pendant que Créon dirait d'Antigone qu'elle «était faite pour être morte» et que je mourrais avec elle, puis avec Chateaugué et Mille Milles caressant des projets de «branle-bassement».

Tout: une vie qui n'aurait su se passer de l'infinité de la fiction, partagée entre la lecture et l'écriture, entre Oscar Wilde et des arbres plantés près de la mer, d'un lac, d'une rivière aux multiples noms. Une vie qui n'aurait su se passer des bruits fracassants de la fureur, du grondement de la première mer, des embruns ayant suscité le premier livre et des sifflements du nordet. Écoute, Charlie, écoute, c'est le vent qui nous parle.

J'avais quatre ans, peut-être cinq, quand le géant de Wilde est mort dans son jardin sous un arbre fleuri. Dans le couloir, c'était l'hiver, mais mes pieds reposaient sur l'herbe verte, tout comme ils reposeraient plus tard sur le sable brûlant quand je suivrais Meursault sur cette plage d'Alger, où l'immensité du soleil et son reflet tranchant sur la lame affûtée d'un couteau entraîneraient l'exécution de l'Arabe, et celle de Meursault après lui. Deux hommes, étourdis de lumière: «La gâchette a cédé, j'ai touché le ventre poli de la crosse et c'est là, dans le bruit à la fois sec et assourdissant, que tout a commencé.» Et c'est là que tout a commencé... Pour Meursault, c'était la mort qui commençait, la mort et sa très consolante perspective, quand pour moi c'était encore et toujours la vie, une vie où, à la faveur de quelques mots, ma bouche s'assécherait dans la brève détonation d'un soleil implacable.

Et ma bouche n'a cessé de s'assécher depuis ou de s'emplir du goût râpeux des épinettes dont je transmettrais l'amertume à un certain personnage pour qu'il la rapporte chez lui et la dépose dans la bouche affamée de son amante, qui la déposerait à son tour dans les rêves avides du lecteur connaissant l'âcre saveur de la sève mordant la langue. Et mes pieds n'ont cessé de fouler l'herbe tendre, ma peau d'amasser le sel de la mer ou la saleté des villes, sur les pas de Colette et de Duras, de Goodis et d'Irish.

Toute une vie à traquer les milliers de mots débordant des livres et des images, des forêts et des lacs, de la puanteur des ruelles ou de la noirceur des cachots où écrivaient Sade et Casanova, jusqu'à la prison de Reading où Wilde consacrait son *De Profundis* à la beauté d'une jeunesse qui crachait sur des tombes alignées près de celles où Vernon Sullivan raclerait à mains nues la boue jetée sur la peau noire d'un pays s'encrassant dans la violence.

Tout pourrait donc avoir commencé là, dans cette misère où Faulkner a lui-même planté quelques palmiers sauvages sous lesquels j'allais m'abriter de la pluie et du vent qui entraient dans la chambre bleue. Tout pourrait avoir commencé hier, puisque les restes du géant sont encore chauds et que la tempête arrache aux palmiers des craquements se mêlant à ceux qui traversent aujourd'hui mon bureau: craquements du métal froissé de la Toyota se repliant sur le corps las de Heather Thorne, cette femme que j'ai inventée un après-midi d'automne pour la faire entrer dans un livre où nos voix se superposeraient, je m'appelle Heather Thorne, elle s'appelle Heather Thorne, craquements de la glace entourant le bateau de Walton avant qu'il recueille Frankenstein, entre vie et trépas, sur les étendues étincelantes de la mer Blanche, rugissements et grincements de la tempête pesant sur les heures sombres de *Kamouraska,* hurlements surgissant de tant de livres lus sous toutes les lumières possibles du jour. Mais odeurs également, parfums, couleurs émanant d'entre les pages blanches pour dessiner ces paysages où je peux m'arrêter un instant pour regarder couler l'eau des ravines et y tremper ma main dont l'âge tremble un peu, pour réfléchir à ce qui du réel transperce la fiction, à ce qui dans la détonation d'un fusil au-delà des ravines peut me parler de l'homme et de ses soifs, d'une vie, de mille vies se laissant fouetter par les vents furieux tournant à l'orage ou balayant les crépuscules d'un désert mauve. Ou bien, ou bien... pour me délecter de certaines sonorités nous faisant croire que tel mot a été créé pour être accolé à tel autre : désert, mauve ; jardin, givre et Norvège ; pour m'asseoir avec monsieur Songe et deviser sur le cours des saisons ou sur l'arrivée de sa nièce, car il faut bien que le temps soit parfois à ce merveilleux inutile provoquant la joie de l'intelligence.

La lecture n'est pas tout, non, et l'écriture non plus, car le vent et la mer et la plaine existeraient sans elles, et les baisers des amoureux, et les hommes et les femmes s'interrogeant sur le comment des lassitudes et des passions, mais il n'y aurait pas ces heures de calme et de plénitude durant lesquelles je m'assois dans une chambre bleue ou à ma table de travail pour plonger dans ce prolongement du monde que sont les montagnes écrites, dans cette recréation des jours me permettant de dire je m'appelle Heather Thorne, elle s'appelle Heather Thorne, je m'appelle Charlie et Sissy, et d'essayer de comprendre pourquoi.

Liste des titres cités ou auxquels il est fait allusion, dans l'ordre de leur mention: *Le géant égoïste,* Oscar Wilde; *Pas d'orchidées pour Miss Blandish,* James Hadley Chase; *Antigone,* Jean Anouilh; *Le nez qui voque,* Réjean Ducharme; *Macbeth,* Shakespeare; *Alias Charlie,* Andrée A. Michaud; *L'étranger,* Albert Camus; *Bondrée,* Andrée A. Michaud; *De Profundis,* Oscar Wilde; *J'irai cracher sur vos tombes,* Boris Vian, alias Vernon Sullivan; *Les palmiers sauvages,* William Faulkner; *Routes secondaires* (en cours d'écriture), Andrée A. Michaud; *Frankenstein,* Mary Shelley; *Kamouraska,* Anne Hébert; *Soifs,* Marie-Claire Blais; *Le désert mauve,* Nicole Brossard; *Soir d'hiver,* Émile Nelligan; *Monsieur Songe,* Robert Pinget.

Une vie – Verso

Quand je lis que des arbres centenaires ont été coupés ou des milieux humides entièrement détruits pour construire des beaux condos avec vue, madame, que le monde sera pas gêné d'acheter parce que, quesse tu veux, y sont coupés, les arbres, pis a sont mortes, les grenouilles, quand ma mère me dit qu'elle est fatiguée et qu'elle veut mourir, et que je sais pertinemment qu'elle a le droit d'être tannée et de vouloir enfin lâcher prise, quand Mazette, la chatte venue du froid, refuse la chaleur que je lui offre pour aller crever sous une galerie nowhere ou dans une grange idem, quand je lis que les bélugas cherchent leur souffle dans une putain de nappe de pétrole et que je peux rien faire parce que je suis juste une hostie de poissonne rouge qui fonce sur la 10 à 120 à l'heure dans son beau char pas de l'année, j'attrape un livre, mais pas n'importe lequel, non, un qui me fera oublier le craquement des arbres qu'on abat, et je plonge à fond, je me garroche dans les mots qui s'alignent et qui courent et je cours avec eux, n'importe où, n'importe où je n'aurai pas à dire à ma belle petite maman d'amour qu'elle a le droit de mourir même si on l'aime comme des fous et qu'on va faire dur pas à peu près quand elle sera plus là, je plonge, je veux du mystère et du sang, de la passion et de l'horreur, du grandiose et des mots qui frappent, du vrai entre deux pages, comme une sandwich au beurre de pinotes qu'on avale après avoir couru sans savoir pourquoi, juste pour pas entendre les maudits craquements, et je pense à Rufus Wainwright chantant *Cigarettes and Chocolate Milk,* et j'allume une cigarette, et je fais semblant de boire du chocolat au lait, bien chaud, brûlant, parce que ça marche, parfois, parce que le silence se fait pour un moment, que ma mère aveugle et sourde me dit qu'elle est heureuse, que Mazette batifole parmi les marguerites, et je suis bien, et je rêve, et je nage avec 100 beaux petits bélugas roses qui se câlissent de savoir si le Canadien a gagné à soir.

L'éternité

Marie Desjardins

Il avait été bien surpris d'entendre le téléphone sonner, au début de la soirée, dans la petite pièce en angle qui lui tenait lieu d'univers. Depuis que « pour son bien », sa bienveillante fille l'avait « placé » dans cet établissement, étant donné qu'il ne pouvait plus « tenir maison », il ne recevait d'appel qu'une fois par semaine, le samedi matin. C'était sa fille, justement, qui lui annonçait sa venue dans l'après-midi, quand elle pourrait; elle était si occupée par ses obligations – enfants, mari, travail ! Que restait-il pour le père ? songeait-il en répétant docilement que, bien sûr, il comprenait... La conversation ne durait pas même une minute. Aussitôt après, il retournait s'asseoir dans son fauteuil à bascule, devant son étagère remplie de livres, et reprenait sa lecture. Il n'était pas triste, ni même amer – seulement lucide et neutre, à la façon d'un moine taoïste qui ne s'étonne plus de rien. À quatre-vingt-sept ans, il fallait bien, enfin, arriver à cette forme de sagesse, ou du moins à cette tranquille compréhension des choses.

Pourtant ce soir-là, le téléphone avait sonné. C'était une ancienne étudiante à lui, dont il ne se souvenait même plus. Élisabeth. Élisabeth Guinand. Même ce nom, inusité au Québec, n'avait réveillé aucun souvenir dans sa mémoire. Ce n'était pas grave, avait-elle dit, puisqu'elle (et c'était là l'important) gardait un souvenir prégnant de ses cours de littérature alors que, trente ans plus tôt, en effet, il avait enseigné à l'université. Elle lui avait parlé longuement, bien plus que sa fille. Grâce à lui, ce prof extraordinaire qu'elle avait finalement retrouvé en s'adressant à l'Académie canadienne-française, elle avait découvert François Hertel, Victor Barbeau, Germaine Guèvremont, Réal Benoît, Claire Martin, Jean Éthier-Blais et tant d'autres oubliés, comme lui l'était devenu. Le véritable plaisir de lire lui avait été révélé, car, toujours grâce à lui, elle avait appris à déchiffrer ce que l'auteur disait, entre les lignes. N'était-ce pas là qu'il fallait lire, surtout? Bref, bientôt elle publierait un essai, à ce propos. Accepterait-il de préfacer *Le plaisir de lire* qui paraîtrait aux Éditions de la Laurentie, prestigieuse maison de Montréal? Il était resté silencieux. Elle avait reformulé sa demande. Il avait bredouillé. Elle avait insisté. Il avait dit oui.

Depuis, dans la petite pièce en angle qui était devenue son univers, entouré de ses livres, ses meilleurs amis, il ne vivait plus de la même façon. Écrire sur ce sujet si simple, et à la fois si vaste, le mettait dans un état de frénésie frisant le désagrément. Lui qui avait écrit une dizaine de romans, des essais, des articles et même un reportage sur un voyage au Liban se découvrait incapable de trouver même une idée pour écrire ce texte d'introduction à l'ouvrage de cette étudiante surgie dans son existence – cette existence qui n'en était guère une depuis si longtemps maintenant. Tout le ramenait à lui-même. Il songeait à décrire la joie qu'il avait, enfant, de lire dans la véranda de la maison familiale, à Saint-Hilaire, l'été, alors qu'il pleuvait. Il revoyait clairement ce qu'il tenait en ses mains : les *Nouveaux contes de fées* de la comtesse de Ségur, illustrés par Gustave Doré, criblés de petits champignons qui sentaient un peu mauvais ; *Un homme et son péché*, de Claude-Henri Grignon, que sa mère lui avait interdit de lire « parce que ce n'était pas de son âge », mais qu'il piquait dans la bibliothèque dès qu'elle s'absentait, pressé de retrouver Séraphin, ce Scrooge de la littérature canadienne-française, et les misères qu'il faisait à sa jolie femme martyre. Cependant, parler de lui-même lui semblait bassement égocentrique et, surtout, contraire à l'essence même de la littérature. Puis il se disait qu'il n'avait rien à prouver à personne, lui, l'écrivain englouti malgré un certain roman qui lui avait valu le prix France-Québec et son fauteuil à l'Académie canadienne-française. Depuis combien d'années son nom ne paraissait-il plus dans les journaux ? Il ne les comptait même plus, tant l'indifférence à l'égard de son travail lui avait rongé le cœur. Maintenant il était à l'hospice, au bord de la tombe. Pourtant il avait continué d'écrire, de publier, et même jusqu'à l'année précédente, son « chant du cygne», avait-il affirmé seulement à sa fille, son unique interlocutrice, puisque personne, bien entendu, n'avait relevé cette parution et ne l'avait interviewé à ce sujet. Il faudrait qu'il meure pour que, l'espace de quelques jours, les médias colportent sa biographie avant l'oubli définitif.

Les jours passaient. Il pensait avec angoisse à cette préface, à cette Élisabeth qu'il avait impressionnée par ses propos. Cela avait été une belle époque de son existence; l'enseignement lui avait été doux, agréable, mais nettement moins le rapport avec la plupart de ses collègues, qui rivalisaient de prétention et de savoir hautain. Écrire, lire, et surtout discuter de ces choses fondamentales ne pouvait-il se faire sans se prendre au sérieux? Ainsi, avec cette préface… Dans sa grande solitude, et l'ennui de sa vie, il n'y avait plus que les livres pour le rendre heureux – des trésors de papier, des heures de voyage dans les âmes et les consciences, les cœurs et les êtres. Il cherchait l'idée d'une préface gaie, plus assortie au titre de l'essai à présenter et qu'il ne voulait pas lire, du moins pas maintenant, pour justement produire un texte spontané, authentique, épargné de toute influence. Il lirait les réflexions d'Élisabeth Guinand plus tard, quand le livre sortirait; tant pis si ce n'était pas bon, tant mieux si ça l'était. Au moins, il y aurait sa préface, le dernier hoquet du vieillard sombrant dans un sable mouvant, c'était hugolien, cela lui plaisait. Il se dit qu'il pourrait écrire sur son ami La Roqueterre, un poète inconnu mais doué, un fou de lecture. Ils s'étaient un jour retrouvés dans un chalet, dans les Laurentides, avec leurs femmes. Le matin, après une nuit bien arrosée, tout le monde roupillait. La Roqueterre, premier levé, avait en vain cherché quelque chose à lire en attendant que les autres se réveillent. Dans ce chalet il n'y avait pas un ouvrage, sauf l'annuaire téléphonique. Il en avait lu dix pages avant le petit-déjeuner…

À chaque simulacre d'inspiration, il soupirait. C'était inintéressant. Plat. Inutile. Élisabeth lui avait donné une semaine pour produire le texte. C'était court, elle le savait, elle en était désolée, mais ainsi allait l'édition. Tout devait être fait hier. Il revenait à la case départ. Comment écrire sur le plaisir de lire? Par moments, il en avait des palpitations, car quoi raconter sinon des souvenirs… Il perdait des heures, dans son fauteuil à bascule, écoutant Brahms ou Bach, à se remémorer ce qui pourrait lui servir à nourrir ces pages. L'image d'un Noël passé avec Anne Hébert, à Paris, dans son appartement rue de Pontoise, lui revint souvent. Fallait-il en tenir compte? Était-ce quelque signe qu'elle lui envoyait de l'au-delà? Ils étaient devenus amis en France, compatriotes réunis dans les cocktails de l'ambassade du Canada – on s'y parlait bien plus volontiers, entre pairs, que dans son propre pays, c'était assez consternant. Mais Anne Hébert était unique. On percevait son aura – son énergie – à vingt mètres lorsqu'elle était dans une pièce même envahie de monde. Lui qui l'admirait, et qui l'avait lue, bien sûr, surtout son *Tombeau des rois* – quel titre ! – avait été très honoré, mais surtout ému par son invitation : « Venez dîner chez moi à Noël, ce sera simple, nous serons tous les deux... » Cette nuit-là, écrivains exilés dans la confortable France, ils avaient parlé du « pays » laissé derrière. Anne Hébert ne regrettait rien puisqu'elle y vivait toujours, en écrivant. Mais également en lisant des compatriotes, dont lui, qui la réconfortait toujours, car elle aimait l'accompagner dans ses allégories d'homme déchiré entre deux femmes, deux mondes. De la substance, disait-elle. Or, il cherchait désespérément cette substance, nourri par rien, désormais, dans cet hospice dit maison de retraite où les déambulateurs et les fauteuils roulants étaient les chevaux piaffants qu'Anne lui avait évoqués comme elle le faisait chaque fois quand ils se rencontraient, une métaphore récurrente de son imagination, une substance de son *Torrent*. Dans ce mouroir d'un riche quartier de la ville, rien ne pouvait l'inspirer, sinon les images de son passé lointain, quand il vivait encore... ou pensait vivre.

Mais les livres n'étaient-ils pas des souvenirs? Bien sûr que oui. Ils étaient des coffres remplis de ces merveilles, qu'il suffisait d'ouvrir pour les revivre. Combien de fois, quand il s'ennuyait, avait-il relu, la hâte au cœur, quelque roman pour retrouver dans cette étrange communion des mots une atmosphère que l'auteur avait su si bien rendre? C'était plus qu'un plaisir, mais une joie. Lire était plus qu'une joie, mais la vie même. Les livres ne mouraient pas comme les êtres, ils leur survivaient, continuaient d'œuvrer et d'habiter les esprits bien vivants qui s'en approchaient. Pouvait-il écrire cela dans une préface? Que les livres étaient pour lui l'éternité?

Peut-être.

Il s'y mettrait demain.

Immersion

Samuel Archibald

Les ailes sont des chaînes qui nous attachent au ciel.
Miguel Angel Asturias

Nous sommes en janvier 2050.

Chacun peut faire, dans le confort de son foyer, l'expérience de la réalité virtuelle la plus totale, sans casque ni manette. Chaque maison est dotée d'une vaste chambre noire, composée d'écrans holographiques et de senseurs ascendant/descendant ultrasophistiqués.

Il suffit de choisir un programme, de lui fournir quelques instructions, et vous voilà à la chasse aux dinosaures du crétacé inférieur, livrant un combat endiablé dans la peau de Muhammad Ali ou participant, la peur au ventre, au débarquement de Normandie. Les hologrammes ne sont pas que visuels. Vous entretenez avec les représentations de la chambre noire un rapport olfactif et tactile. Vous pouvez donc faire l'amour à de grandes blondes aux mamelons turgescents et à de beaux Méditerranéens montés comme des éléphants d'Asie. Les gens, bien entendu, ne s'en privent pas.

Une dame indigne, née au millénaire dernier, est en visite chez sa fille et son gendre. Elle aide le couple à s'occuper des enfants et à garder la maison propre. Pas de quoi se tuer à l'ouvrage. Les enfants passent leur temps dans la chambre noire. Elle leur dirait bien d'aller jouer dehors, mais dehors il fait chaud et l'air est mauvais. À l'intérieur, l'air est propre et filtré. Tellement aseptisé, en fait, qu'épousseter ne peut pas vous distraire très longtemps.

Durant la journée, elle se retrouve seule à errer dans la maison, qu'elle découvre dépourvue de tous les dispositifs qu'on utilisait jadis pour tuer le temps : il n'y a pas la moindre bibliothèque dans la maison, nulle part de téléviseur, même pas un petit recueil de mots croisés sous la table du salon. La dame s'ennuie. Elle regarde les appareils d'holovision accrochés un peu partout aux murs. Elle n'est jamais parvenue à s'habituer à la projection à trois dimensions. Elle n'a jamais pu accepter que des acteurs s'échangent des coups de feu en travers de la pièce, au-dessus de sa tête. Elle n'a jamais pu accepter non plus, pendant les nouvelles, de voir des enfants en haillons marcher vers elle, au milieu des bombardements, avec un fusil-mitrailleur dans leurs mains menues. Qui pouvait avoir envie d'ériger des ruines sous son propre toit ? Comme si ce n'était pas assez, les holoprojecteurs faisaient apparaître à tout bout de champ, en suspension dans l'air, des fenêtres de texte, des menus déroulants et des options interactives. On ne pouvait pas rester tranquille devant son émission deux minutes. L'autre jour, elle avait réussi à faire jouer un hyperfilm. C'était une vieille adaptation d'un roman d'Agatha Christie. Être assise à côté de Miss Marple lui avait semblé bizarre, mais supportable. La dame avait des manières, au moins. Dix minutes après le début du film, une fenêtre était apparue à quelques mètres du plafond et une voix ridiculement grave avait demandé :

« Souhaiteriez-vous connaître dès maintenant l'identité du meurtrier ? »

Absurde.

Les jours passent. La dame finit par se décider à essayer la chambre noire. Après tout, à ce qu'on dit, on peut y faire absolument tout ce qu'on veut.

Et c'est vrai. La pièce semble vide et noire d'abord, mais en dictant bien comme il faut à l'ordinateur, qui emprunte pour communiquer avec elle l'apparence d'un vieux majordome tout droit sorti d'un roman de P. G. Woodehouse, elle est capable de recréer à la perfection le petit chalet au lac où elle allait passer quelques jours de vacances, avec son mari, avant d'avoir les enfants. Ils avaient été jeunes, bien sûr, Charles et elle, ils avaient été un peu fous, mais aussi tranquilles et paresseux, aimant s'isoler pour faire l'amour, lire des livres et ne rien faire durant des jours entiers, tout enchevêtrés l'un dans l'autre.

L'ordinateur imite, sans qu'elle ne l'ait demandé, le crépitement et l'odeur des bûches dans le foyer qu'il fallait mettre à brûler quand les journées étaient froides. Il ajoute le bruit du vent qui rafale dans les arbres et le clapotis insistant de la pluie sur le vieux toit de tôle. Dieu sait comment, cette satanée machine a deviné qu'elle préférait les journées grises aux journées de grand soleil où les imbéciles faisaient rugir leur bateau à moteur sur le lac jusqu'au soir. Elle dit à l'ordinateur :

— Il y avait des livres aussi.

— Où étaient-ils, madame ?

— Dans une bibliothèque, là, qui faisait le coin. Comme ça. On devait toujours en traîner une vingtaine.

— Lesquels, madame ?

— Oh, ce n'était pas toujours les mêmes. On lisait beaucoup, vous savez. Un peu de tout. Les grandes sorties de la rentrée, les livres à la mode, les classiques qu'on n'avait pas encore lus. Les gens le savaient et ils nous offraient des livres en cadeau. C'est toujours bien de lire un livre offert en cadeau. Vous avez l'impression de le lire avec les yeux de quelqu'un d'autre, avec un ami penché sur votre épaule. Vous savez quoi ? J'apportais aussi beaucoup de livres que j'avais déjà lus. Quand j'étais toute petite, ma grand-mère me disait que j'étais une grande *liseuse,* mais j'étais surtout une grande reliseuse. Il y a des livres que j'ai dû lire une centaine de fois. C'était comme rendre visite à de vieux amis et les trouver à la fois différents et inchangés. Oh, mais je vous ennuie, peut-être…

Elle faisait toujours attention de ne pas devenir une vieille dame bavarde. Malheureusement, pour ses enfants et petits-enfants, toute parole était radotage. Sauf quand elle provenait de l'holovision.

L'interface-majordome eut un sourire affable.

— Bien sûr que non, madame. Toutefois, quand je vous demandais «quels livres?», je parlais d'aujourd'hui..

— Oh. Je vois. Lesquels avez-vous?

Il rit.

— Je les ai tous, madame!

Elle réfléchit. Puis elle se mit à nommer des titres.

Une heure plus tard, elle a vingt-cinq ans et elle est calée dans un des vieux fauteuils en osier sur la véranda, les jambes enfouies dans une grosse couverture de laine. L'interface-majordome a disparu. Elle lit. Le livre qu'elle a choisi raconte six générations dans la vie d'une famille habitant un village appelé Macondo, en Colombie. Le père s'appelle José Arcadio Buendia. À un moment, il devient fou et on l'enchaîne à un arbre. La dame s'en souvient, sa femme Úrsula vivra aussi vieille qu'un patriarche biblique, mais se ratatinera jusqu'à atteindre la taille d'un fœtus.

Loin, très loin d'elle mais pourtant si proche, Charles lui dit :

— J'espère que ton livre est bon. Il va pleuvoir encore quelques jours.

Elle grommelle son assentiment et replonge dans *Cent ans de solitude.*

Aureliano, le premier, vient de devenir colonel et de s'engager dans la guerre civile. Il a quitté le village. Malgré les bruits discrets de Charles s'agitant dans le chalet et, plus loin encore, trop loin pour qu'elle n'y pense vraiment, le ronronnement presque imperceptible du macro disque dur, elle hume dans l'air ambiant quelque chose d'humide et de salé, une odeur d'eau de mer et de boue, et croit même distinguer, à la lisière du village, dans la forêt, le vert surnaturel des feuilles et le jaune, le rouge, l'émeraude et le grenat qui teintent l'empennage improbable de grands perroquets amazones.

Elle lit comme ça longtemps, même si elle se rappelle parfaitement la fin du roman.

Plus tard, avec Charles, ils font une salade de pommes de terre et ils cuisent des bavettes, dehors, sur le gril. Après, ils se mettent au lit. Elle se pelotonne contre lui et s'endort, au bruit de la pluie, du vent et des criquets numériques.

Le lendemain, elle se réveille seule et nue. Une note de Charles, posée sur la table, dit qu'il est parti faire des courses en ville. Soudain, elle se souvient où elle est, qui elle est et se rhabille, honteuse, de peur que ses enfants et petits-enfants ne la trouvent là.

Elle dit:

— Ordinateur?

— Oui, madame.

— Est-ce que je peux sortir maintenant?

— Non, madame.

— Pourquoi?

— Je crois que vous êtes morte, madame.

— Morte?

— Oui. J'essaye d'interrompre le programme et j'en suis incapable.

— Si je suis morte, qu'est-ce que vous êtes? Un rêve ou l'ordinateur?

— Je ne sais pas.

— Ça vous inquiète?

— Un peu.

— Je vais vous apprendre une chose que j'ai comprise il y a très longtemps: le rêve et l'éveil, comme la vie et la mort, je suppose, ne sont pas des états *séparés.* Ce sont des états différents, certes, mais pas distincts. On peut rêver éveillé et on peut se réveiller dans un rêve; il existe une frontière entre les deux, qui n'est pas un ravin ni un fossé, mais une *suture.*

Le rêve et l'éveil sont des états différents entre lesquels on passe sans vraie transition, et seuls les fous croient savoir avec certitude, à chaque instant de leur vie, de quel côté de la crête ils marchent.

— Je n'y comprends rien, madame.

— Ce n'est pas tellement grave. Venez vous asseoir ici.

Le majordome regarde autour.

— Charles est parti pour l'après-midi, ne vous inquiétez pas.

— Mais, je croyais que…

— Oui. J'aimais Charles et je l'aime toujours, mais il est mort il y a très longtemps maintenant, et à cet automate qui fait les courses au village je ne dois rien. Moi, je viens juste de mourir et je me sens plutôt bien. Ça fait des années que ma peau n'a pas été si douce et je veux sentir la bouche d'un homme dessus.

Le majordome rougit.

— Mais si vous êtes morte, si je ne suis qu'un rêve, ou un ange, peut-être que Charles n'est pas lui-même un programme et que ce qui se joue ici est, d'une certaine façon, *vrai*?

— Ça n'a pas d'importance. Aucune femme n'est vraiment fidèle. Tous les hommes le savent et il n'y a que les idiots que ça dérange. Venez, touchez-moi. Ici. Comme ça.

REUTERS — DÉPÊCHES EN LIGNE
C'est toujours la panique à l'échelle planétaire alors que tous les canaux Holovision™ du monde sont parasités par un mystérieux signal qui pourrait être également un virus. Quiconque essaye d'utiliser l'holovision depuis cinq jours se retrouve dans une habitation rustique du millénaire dernier, aux murs garnis de livres [consultez notre dossier en ligne: ***Médias d'autrefois: LE LIVRE***]. Pour le moment, la source du signal n'a toujours pu être localisée. À la question «Que convient-il de faire de ces objets?», le commissaire mondial aux affaires numériques, Albert Swann, a répondu: «Les livres vous voulez dire? Vous pouvez toujours en ouvrir un. Ça ne va pas vous tuer.»

De la lecture

Entrevue avec
Dany Laferrière

Propos recueillis par
Jean Fugère

Jean Fugère: Est-ce que lire occupe toujours une grande partie de vos journées?

Dany Laferrière: Assez pour que je ne voie pas de moments où je ne lis pas. Les moments où je ne lis pas, ce sont des moments qui sont tellement absorbés par les tracasseries de la vie quotidienne, qu'ils ne comptent pas pour moi. C'est-à-dire, je me lève le matin, je lis. Je lis au milieu de la nuit. Quand je me réveille, je lis. Quand je sors, par exemple, au restaurant, j'ai toujours un livre pour le peu de temps que je pourrais attendre...

JF: Qu'est-ce qui vous manquerait si vous ne lisiez pas?

DL: C'est tellement consubstantiel, c'est tellement à l'intérieur de moi que la question est de l'ordre de demander à un vivant si l'oxygène lui manquerait! C'est quelque chose qui est dans ma chimie personnelle. C'est pour ça que je n'ai jamais eu de grande nervosité par rapport à la page blanche, parce qu'elle n'est jamais blanche. Si ma page est blanche pour écrire, je prends un livre, où la page est toujours remplie de signes.

JF: Avez-vous besoin de lire pour vous mettre en mouvement comme écrivain?

DL: Non, comme personne! Comme personne! Lire m'enlève de l'angoisse. Chaque fois que je suis un peu angoissé (c'est une maladie un peu présente chez moi – je fais de l'insomnie), je prends un livre et après dix minutes, je traverse le miroir. Je me sens très calme. Je rentre dans ce monde harmonieux, organisé ; dans ce monde où les questions, les réponses… Où les images se suivent dans une cohésion, où l'esprit dirige, et je me sens plus rassuré. Je pense qu'il y a les livres et, de l'autre côté, la bêtise – et la bêtise m'inquiète. La lecture me rassure.

JF : Qu'est-ce que vous répondez aux gens qui disent : « Lire un livre, c'est mourir à la vie, c'est la quitter… ? »

DL : Des déclarations pareilles, on ne peut pas les contester. On peut dire uniquement ce qu'on ressent. Mais cette idée de séparer quelque chose quel qu'il soit de la vie… Ce que nous pensons de la vie fait aussi partie de la vie. Hum… L'écriture comme la lecture provoquent le silence. On ne peut pas écrire si on n'est pas dans une zone de concentration. Et comme il y a beaucoup de gens, des millions de gens en train d'écrire, au même moment, pour une raison ou pour une autre, quelle que soit la qualité de ce que cette personne écrit – une lettre, un mot, une information, un roman, un texto – et comme il y a des millions et des millions, encore plus nombreux, qui sont en train de lire, cet espace de silence créé par l'écriture et par la lecture… Je crois profondément que si le monde n'a pas encore explosé, c'est à cause de cette BULLE DE SILENCE que la lecture de l'alphabet a engendrée. Elle fait taire le monde.

JF: Est-ce que les livres sont le meilleur de la vie?

DL: Je ne sais pas. Je crois que c'est le plus beau jouet du monde. Il remplit tellement de fonctions. Le voyage, l'effacement des frontières, il donne la permission à un enfant d'enjamber la fenêtre d'une maison trop petite pour aller vagabonder sur des territoires infinis, il permet la conversation avec des gens intéressants alors que nous sommes entourés de gens que nous n'avons pas envie d'entendre...

Le livre est le seul jouet qui permet à un mort de parler. Quand nous lisons un écrivain mort il y a quelques siècles, il parle, et nous faisons silence pour l'écouter. Il n'y a rien de plus magique! On nous a présenté la magie comme quelque chose d'exceptionnel, mais la vraie magie, c'est l'écriture. Il suffit d'ouvrir le livre et tous les bruits autour s'atténuent et on entend une seule voix, précise, directe, présente et qui nous touche au cœur.

Dans un monde où nous accordons dix minutes ou plus à des lettres que nous envoient nos mères, nos parents ou nos amis, nous accordons des fois quatre jours de lecture à un inconnu, à quelqu'un que nous ne connaissons pas. Nous lui accordons toute notre concentration, toute notre attention. Et parfois même nous pouvons lire une œuvre entière. Ça peut prendre des années.

JF : Est-ce que vous vous sentez l'obligation de terminer un livre qui vous ennuie ?

DL : Je ne vois pas les choses dans la perspective de l'ennui, car je lis plus des écrivains que des livres. Quand un écrivain que j'aime beaucoup m'ennuie, je continue la lecture. Parce que je me dis : « J'aimerais bien savoir dans quel état d'esprit il était. » L'écriture est nourrie d'ennui, comme la rêverie est née de l'ennui. C'est parce que le petit garçon est resté derrière la vitre à regarder la pluie tomber sans rien faire qu'il a commencé à rêver.

JF : Pendant des années, et moi le premier, on ne parlait que « du plaisir de lire ». Est-ce que lire est pour vous un plaisir ?

DL : Oh ! il y a tellement d'autres choses que le plaisir. Et ce plaisir-là peut aussi venir de la difficulté. Les grands sportifs nous le disent, c'est au bout de la course, quand ils ont épuisé toute leur énergie, quand ils ont fait violence sur leur corps qu'ils arrivent à ne plus sentir l'activité. Je crois aussi qu'il y a une forme de vanité de notre époque, où les gens croient qu'ils peuvent tout faire sans effort. Moi je préfère dire que, si je n'arrive pas à lire *Ulysse* de Joyce, que je n'arrive pas à dépasser la page 30, ce n'est pas la faute de Joyce, c'est la mienne. Je trouve que si Joyce a pu écrire tout ce livre, je devrais pouvoir le lire. Je n'y suis pas obligé si je n'y arrive pas, mais ce n'est pas le *problème* de Joyce, c'est le mien. C'est pourquoi notre funeste manie d'évaluer est si néfaste pour notre goût, pour notre esprit. Nous faisons confiance uniquement à cette partie-là. À nos humeurs, aux sensations que nous recevons dans l'immédiat. Parfois, je lis sur des blogues des gens dire sur un *ton* – ce ton-là que je déteste – «Je vais donner une seconde chance à l'écrivain!» Mais qui êtes-vous? Mais taisez-vous! Vous avez déjà essayé d'écrire un livre? Oui je sais que vous avez essayé, alors vous savez, ne parlez donc pas comme ça. Je ne vous demande pas de croire que tout individu qui a écrit un livre vous est supérieur par l'esprit, mais je vous dis que le fait d'écrire un livre vous est supérieur. Vous êtes meilleur lecteur peut-être qu'écrivain, mais le fait d'avoir écrit un livre est plus important. C'est pour cela qu'il faut faire attention à la lecture, ne pas la placer sous un seul aspect univoque, sous le règne du seul plaisir, sous l'angle unique de nos humeurs.

JF: Est-ce que la lecture rend meilleur?

DL: Je ne sais pas si la lecture rend bon, mais je sais que ça garde tranquille pendant un moment. La lecture, c'est aussi extraordinaire parce qu'elle permet d'aimer quelque chose que nous n'aurions pas aimé dans la réalité. Je me souviens d'avoir mangé du hareng – un poisson que je détestais à l'époque – parce qu'un personnage de Simenon, l'inspecteur

Maigret, en mangeait. Simenon m'a fait aimer la grisaille de la Belgique, les petits ports du Nord, des paysages détestables dans la vie quotidienne. Le style, la qualité de l'écriture font ainsi apprécier les choses que nous n'aurions pas aimées dans la réalité.

JF : Avez-vous beaucoup changé comme lecteur ?

DL : Je suis passé d'abord de *premier lecteur* ; une première forme de lecture, quand j'étais à Port-au-Prince, où je lisais les livres que je trouvais dans la maison. J'avais une fringale de l'alphabet. Certains livres ne m'intéressaient pas beaucoup, mais l'idée de lire ! Ah ! l'idée de lire !

Arrivé à Montréal, je suis devenu le lecteur qui pouvait acheter des livres qui l'intéressaient, des livres dont j'avais entendu parler, dont j'avais lu des extraits. Je suis devenu le lecteur qui pouvait sortir, aller acheter trois ou quatre livres, revenir dans sa chambre, dans la baignoire, et lire les livres que j'avais choisis. Ces livres-là, je me souviens, j'habitais rue Saint-Hubert derrière le terminus Voyageur, étaient empilés sur une petite table. Je me levais des fois la nuit pour aller les regarder ; juste constater que j'avais autant de trésors ! Jusqu'à ce troisième lecteur finalement, celui qui, en ce moment, a tant de livres qu'il les donne. Je suis à une étape de lecteur où j'envoie 80 % de mes livres en Haïti, à des bibliothèques. Il y a même une petite bibliothèque en

Haïti qui porte mon nom… À Petit-Trou-de-Nippes, il y a la bibliothèque Dany-Laferrière ! C'est-à-dire que je suis passé de lecteur à bibliothèque ; à devenir moi-même une petite bibliothèque, peut-être pour retrouver le jeune lecteur qui peut embrasser sa bibliothèque d'un seul regard.

JF : Que célébrez-vous personnellement le 23 avril, la Journée mondiale du livre et du droit d'auteur ?

DL : Disons qu'un ivrogne a toujours une bonne raison pour lever son verre !

Table des matières

FICTION – Première partie

POÉSIE

BANDE DESSINÉE

•◆•

ESSAIS

•◆•

FICTION – Deuxième partie

•◆•

•◆•

Les créateurs

Samuel Archibald est professeur à l'UQAM où il enseigne le roman policier et de science-fiction, le cinéma d'horreur, la culture populaire contemporaine et la création littéraire. En 2012, sa première œuvre de fiction, *Arvida*, a remporté le Prix des libraires et le prix Coup de cœur Renaud-Bray.

L'auteur **Jimmy Beaulieu** (*Non-aventures, Comédie sentimentale pornographique, À la faveur de la nuit, Le temps des siestes*) a fait un peu tous les métiers liés à la bande dessinée. Il a notamment fondé les collections *Mécanique générale* et *Colosse*. Il consacre aujourd'hui la majorité de son énergie au dessin autonome et à la formation.

Sophie Bienvenu est auteure et scénariste. En 2006, elle a publié un recueil des meilleurs textes de son blogue *Lucie le chien*, puis, en 2008, *(k)*, une série pour adolescents. Son premier roman, paru en 2011, *Et au pire, on se mariera*, a connu un vif succès et est en cours d'adaptation au cinéma. *Chercher Sam*, son deuxième titre, paru en octobre 2014 suivra, espère-t-elle, le même chemin.

Fanny Britt est écrivaine, auteure dramatique et traductrice. Elle compte une douzaine de pièces de théâtre à son actif. Elle travaille aussi en littérature jeunesse, à titre d'auteure et de traductrice. On lui doit des essais littéraires, dont *Les tranchées : maternité, ambiguïté et féminisme, en fragments*, paru en 2013.

Katia Canciani est l'auteure de plus de 35 livres qui se caractérisent par une grande sensibilité, des valeurs humanistes et une touche d'humour. Bachelière en communication, l'auteure est aussi pilote professionnelle. Elle aime cultiver chez les jeunes la passion des mots, l'estime de soi et la persévérance.

Normand de Bellefeuille est poète, nouvelliste, essayiste et romancier. Il a déjà obtenu plusieurs prix littéraires. Critique, professeur, animateur de revues culturelles, il a occupé pendant 13 ans divers postes éditoriaux chez Québec Amérique. Il a été directeur de collection et conseiller littéraire aux Éditions de la Bagnole et est présentement directeur littéraire aux Éditions Druide.

Photos : Frédérick Duchesne (S. Archibald); Catherine Lambert (J. Beaulieu); Jean-François Lemire (S. Bienvenu);

Les créateurs

Après une carrière dans l'enseignement, **Angèle Delaunois** est devenue écrivaine. Elle a dirigé plusieurs collections aux Éditions Héritage et aux Éditions Pierre Tisseyre. En 2004, elle a fondé les Éditions de l'Isatis, maison pour la jeunesse qui publie notamment de la littérature engagée, des contes traditionnels et des albums documentaires.

Marie Desjardins, biographe, essayiste et romancière, a publié une quinzaine d'ouvrages qui se distinguent par un style incisif et une singulière profondeur psychologique. Un univers dans lequel les mères sont des monstres ou des icônes, les pères protecteurs ou bourreaux, les enfants trompés et écorchés, aveuglants de lucidité et pour toujours en quête de vérité.

Chroniqueur de livres à la radio et à la télévision, **Jean Fugère** a collaboré à une dizaine d'émissions et, durant plus de 13 ans, à *Pourquoi pas dimanche ?* avec Joël Le Bigot. Il est le lauréat 2003 du prix Raymond-Charette du Conseil supérieur de la langue française.

Auteur de plus de 75 livres dont plusieurs lui ont valu des distinctions, **François Gravel** possède le rare talent de s'adresser avec le même plaisir contagieux à tous les publics, jeunes et moins jeunes. Faisant preuve d'un humour inimitable, il sait aussi être tendre ou grave selon les œuvres. Il signe plusieurs séries marquantes, parmi lesquelles *Klonk*, *Sauvage* et *David*.

Iris a obtenu son diplôme en bande dessinée de l'Université du Québec en Outaouais en 2006. Cette même année, elle a publié son premier livre. Depuis, elle a collaboré avec plusieurs auteurs. Elle signe avec Zviane le populaire feuilleton en bande dessinée, *L'ostie d'chat*.

Né en Haïti, **Dany Laferrière** arrive au Québec en 1976. Romancier, scénariste, auteur jeunesse, il a reçu de nombreux prix littéraires, dont le prix Médicis pour *L'énigme du retour* (Boréal/Grasset, 2009) et le prix littéraire du Gouverneur général du Canada. Le 12 décembre 2013, Dany Laferrière est élu à l'Académie française. Ses œuvres sont traduites en 15 langues

Martine Doyon (F. Gravel) ; archives personnelles (Iris) ; Éléanor Le Gresley (D. Laferrière).

Les créateurs

Diplômée en arts plastiques de l'UQAM, **Mireille Levert** travaille dans le domaine de la littérature jeunesse depuis trente ans. D'abord reconnue pour ses illustrations tendres et fantaisistes, elle crée *Quand j'écris avec mon cœur* et choisit délibérément une nouvelle voie, la poésie, autant pour l'écriture que l'élaboration de ses illustrations. Elle est parmi les membres fondateurs d'Illustration Québec.

Daniel Marchildon a publié une quinzaine de romans jeunesse et pour le grand public. En 2009, le Conseil supérieur de la langue française du Québec lui décernait le prix littéraire Émile-Ollivier pour sa saga familiale *L'eau de vie (Uisge beatha)*. Il a écrit le scénario d'un long-métrage comique, *La Sacrée*, produit en 2011.

Catherine Mavrikakis a publié six romans, dont *Le ciel de Bay City* qui a remporté le Prix des libraires du Québec, le Grand Prix du livre de Montréal et le Prix littéraire des collégiens. En France, le roman a été sélectionné par le jury du prix Femina, de même que son roman suivant, *Les derniers jours de Smokey Nelson* (prix Jacques-Cartier du roman).

Andrée A. Michaud construit depuis près de 30 ans une œuvre romanesque ancrée dans la culture et le territoire nord-américains. Son plus récent roman, *Bondrée*, a été récompensé par le prix littéraire du Gouverneur général du Canada et par le prix Saint-Pacôme du roman policier.

Jusqu'à nouvel ordre, **Maxime Olivier Moutier** est toujours psychanalyste et écrivain. Récemment converti au mormonisme, il partage sa vie entre Salt Lake City et Montréal, et attend patiemment le retour du Dieu créateur, qui régnera sur Terre avec gloire et puissance, jusqu'au dernier jour où l'humanité tout entière sera enfin jugée.

Mikella Nicol a publié en 2014 le roman *Les filles bleues de l'été*, chez Le Cheval d'août éditeur. Elle détient un bac en littérature de l'Université de Montréal.

Photos : Arsénio Coròa (M. Levert) ; John Sharp (D. Marchildon) ; Toma Iczkovits (C. Mavrikakis) ;

Les créateurs

Caméléon du milieu littéraire, **Bryan Perro** est auteur, conteur, metteur en scène, éditeur et libraire. Il a remporté le Prix jeunesse de science-fiction et de fantastique québécois en 2006 pour *La cité de Pégase*, le tome 8 de la série *Amos Daragon*. Cette même série a été publiée dans 26 pays.

Steph Rivard est né en 1980 à Shawinigan-Sud. Son premier roman, *Les fausses couches*, paru aux Éditions de Ta Mère, lui a valu une nomination au Prix des libraires du Québec en 2013 et le statut de finaliste au Grand Prix littéraire Archambault en 2015.

Artiste photographe, **David Sénéchal** propose une réflexion sur la place de l'homme dans un monde marqué par l'étrangeté. N'hésitant pas à faire usage du photomontage, il donne forme à des atmosphères hantées par l'absence ou le vide. Ses mises en scène possèdent une forte dimension dramatique, mais aussi onirique, appuyée par l'usage fréquent du noir et blanc.

Avec plus de 2 millions d'exemplaires vendus et 37 ouvrages publiés, dont les séries *Les sœurs Deblois*, *Les années du silence*, la saga en 12 tomes *Mémoires d'un quartier* et *Les héritiers du fleuve*, **Louise Tremblay d'Essiambre** s'est taillé une place remarquable dans le paysage littéraire québécois.

Née à Marseille, **Sophie Voillot** a grandi au Québec et vit maintenant à Montréal. Elle exerce la profession de traductrice depuis 20 ans et a remporté un prix littéraire du Gouverneur général en 2006 pour *Un jardin de papier*, version française de *Salamander*, de Thomas Wharton.

Thomas Wharton est né à Grande Prairie, en Alberta. Ses livres sont édités aux États-Unis, au Royaume-Uni, en France, en Allemagne, en Italie, au Japon, etc. Il enseigne la création littéraire à l'Université de l'Alberta en tant que professeur agrégé au département d'anglais et d'études cinématographiques.

Maude Chauvin (L. Tremblay d'Essiambre); Pierre Crépô (S. Voillot); S. Wharton (T. Wharton).